HEYNE X KOCHBÜCHER

Erich Bauer / Uwe Karstädt

# DAS TAO
# DER KÜCHE

Durch richtige Ernährung
zu höherem Bewußtsein – die östliche
Philosophie in der Küche

**Originalausgabe**

WILHELM HEYNE VERLAG
MÜNCHEN

HEYNE KOCHBUCH
07/4669

Copyright © 1994
by Wilhelm Heyne Verlag GmbH & Co. KG, München
Printed in Germany 1994
Umschlaggestaltung: Atelier Ingrid Schütz, München
Umschlagfoto: Ulrich Kopp, Füssen
Chinesische Schriftzeichen: Chao-Hsiu Chen
Innenillustrationen aus: Johannes Walter, Chakra-Erfahrung,
Heyne Taschenbuch, München 1993
Satz: Schaber, Satz- und Datentechnik, Wels
Druck und Bindung: RMO-Druck, München

ISBN 3-453-07728-8

*Dieses Buch ist der Freundschaft von*
*Vinod und Nirmal gewidmet.*
*Der Dank gilt allen, die uns mit Tips und Rezepten*
*unterstützten. Extra erwähnen möchten wir Jürgen Vogel,*
*einen Taoisten der Küche und der heiteren Lebensart.*

München, im April 1994

## Abkürzungen und Erklärungen:

EL   =  Eßlöffel
TL   =  Teelöffel
Msp =  Messerspitze
g     =  Gramm
l      =  Liter
ml   =  Milliliter ($\frac{1}{1000}$ l = 1 g)
dl    =  Deziliter ($\frac{1}{10}$ l)

1 Tasse entspricht einer normalen Teetasse mit $\frac{1}{8}$ l Inhalt

Alle Gerichte sind, soweit nicht anders angegeben, für vier Personen gedacht.

Zutaten wie Gemüsebrühe, Nori (Seetang), frischer Ingwer, Tahini, Ginseng, Kombu (Algen), Fischpaste oder -sauce erhalten Sie im Reformhaus, in Asienläden oder den Feinkostabteilungen großer Kaufhäuser.

# INHALT

»Das Tao ist wirklich und nachweisbar, doch untätig und ohne Form. Es kann vermittelt, doch nicht empfangen werden. Es ist erreichbar, aber nicht sichtbar. Es existiert in sich und durch sich selbst. Es war vor Himmel und Erde und wird in alle Ewigkeit sein. Es verlieh den Göttern ihre Göttlichkeit und der Welt ihr Dasein. Es ist über dem Zenit und doch nicht hoch. Es ist unter dem Nadir und doch nicht tief. Obwohl es früher da war als Himmel und Erde, ist es doch nicht aus der Vorzeit. Obwohl es älter ist als das Urälteste, ist es doch nicht alt.«

A. Watts: *Der Lauf des Wassers*

Ich war gerade dabei, Lauch zu schneiden, und warf große Segmente der äußeren Blätter fort, während ich sie putzte. Entsetzt ließ Chang eine Art feines Piepsen hören — einen chinesischen Seufzer — und tauchte sofort in den Mülleimer, um sie zu retten: »Schon wieder diese Verschwendung; und Sie wissen doch, wie streng meine taoistischen Prinzipien sind!« rief er zornig. Er las die weggeworfenen Schalenblätter auf und strich sie sorgfältig mit dem Finger glatt, als wäre eine wertvolle Botschaft auf ihrer Oberfläche eingraviert. Dann wusch er sie. »Die sind doch zu zäh und alt«, gab ich zu bedenken, doch er schüttelte den Kopf und verzog die Lippen. Er rollte die geretteten Blätter, wie man es mit einem dicken Tabak tun würde, nahm das schärfste Messer und schnitt sie so fein, wie es nur irgend ging. Dabei wiederholte er wohl zum hundertsten Male: »Alles kann man essen, wenn man es nur genügend klein schneidet.«

L. Durell: *Das Lächeln des Tao*

# Das Tao sinnlich erfahren

Der große Lao-tse und einige andere chinesische Philosophen des fünften und des vierten Jahrhunderts vor Christus entwickelten eine Lebensweise, die Taoismus genannt wird. Das Tao (chinesisch: Weg, Bahn) ist ein Mysterium. Es bedeutet Weisheit, Liebe, Sein, Leben, Sexualität, Erleuchtung und noch viel mehr. Ähnlich dem Heiligen Gral, jenem sagenumwobenen, geheimnisvollen Gefäß, das ewiges Leben versprach, erlangt man auch durch Tao Unsterblichkeit. Zunächst ist damit ein langes, gesundes und vitales Leben gemeint. Wer allerdings wirklich bis zum innersten Kern des Tao vorstößt, den erwartet nicht nur Lebensverlängerung, sondern die Unsterblichkeit der Seele, Erleuchtung, ja Göttlichkeit!

Um den Heiligen Gral zu finden, war es der Sage nach nötig, zu einer auserwählten Bruderschaft von Rittern zu gehören und sich auf eine lange und beschwerliche Reise zu begeben. Meisterschaft im Tao erlangt man durch Meditation, Gymnastik (T'ai Chi), sexuelle Praktiken (Tantra) und Diätetik, also der Lehre von der richtigen Ernährung. Diesen letztgenannten Weg beschreibt dieses Buch: Das Tao wird nicht an Hand meditativer oder sexueller Praktiken erfahren, sondern ganz sinnlich und praktisch, sozusagen durch Mund und Magen.

Dieses Kochbuch ist kein vegetarisches Kochbuch. Zahlreiche Gerichte beinhalten Fleisch oder Fisch. Aus der taoistischen Philosophie heraus ist es nicht entscheidend, ob wir Fleisch oder nur

Pflanzen verzehren, denn die Achtung gilt grundsätzlich allen Erscheinungsformen des Lebens. Gemäß der chinesischen Ernährungslehre erzeugt fleisch- und fischlose Kost einen Mangelzustand. Allerdings ist der Verzehr riesiger Fleischmengen, wie er in den westlichen Industrienationen tagtäglich praktiziert wird, nach chinesischer Anschauung ebenso falsch: Zuviel Fleisch läßt den Körper verschlacken; außerdem reichen kleine Mengen Fleisch aus, um dem Organismus die nötigen Baustoffe zu liefern. Wichtiger als die Unterscheidung zwischen vegetarischer und gemischter Kost ist etwas anderes: Die Verseuchung unserer Erde hat bereits einen so hohen Grad erreicht, daß viele Nahrungsmittel, wie beispielsweise Kalb- oder Schweinefleisch, schon fast unverträglich sind. So hat die Milchallergie in den letzten Jahren drastisch zugenommen, was eine Folge der chemisch aufbereiteten Nahrung bei der Rinderaufzucht ist. Natürliche, das heißt, artgerechte Tierhaltung ist Voraussetzung für alle Fleisch- und Fischgerichte. Ebensowenig gehören gefrorene und durch chemische Zusätze haltbar gemachte Konserven auf den Tisch einer taoistischen Küche. Die Rezepte dieses Buches beziehen sich auf möglichst frische, natürliche, zeitgemäße und nährstoffreiche Nahrungsmittel und Gerichte. Auswahl und Zusammenstellung spiegeln verschiedene Prinzipien eines gesunden und bewußten Lebens wider.

# Qi – Brennstoff des Lebens

Qi (sprich »Tschi«) ist vergleichbar mit dem Leben schlechthin. Der Odem, den Gott einem toten Lehmklumpen einhauchte und so Adam erschuf, ist nur ein anderes Wort für Lebensenergie und damit Qi. Im Japanischen heißt diese Kraft Ki und im Indischen Prana. Der griechische Arzt Hippokrates (460–375 v. Chr.) nannte sie »Naturkraft«, und Paracelsus (1493–1541) gab ihr den Namen »Numia«, göttliches Wirken. In der modernen Psychologie nennt man sie häufig »Bioenergie«. Alle Bezeichnungen meinen das gleiche, nämlich eine Kraft, die jedem Lebewesen innewohnt. Sie kann stark sein wie ein Beben und grenzenlose Vitalität verleihen. Aber sie kann auch kaum spürbar sein und das Gefühl vermitteln, ausgepowert, müde oder gar krank zu sein. Qi nährt auch den Geist und macht ihn offen für die Vielfalt der Existenz. Menschliches Bewußtsein ohne ausreichendes Qi dagegen wird kraftlos, das Denken dreht sich um materielle Sicherheit und klebt an gewohnten Vorstellungen und Ideen.

Qi ist an Leben gebunden; wenn der Tod eintritt, verläßt sie den menschlichen Körper.

Im Tao heißt es, das Leben gleiche einer brennenden Öllampe und das Öl dieser Lampe sei der Reichtum an Qi, über den ein Mensch verfügt. Ein einmal verbrauchter Vorrat an Lebensenergie kann durch niemanden und durch nichts ersetzt werden. Aber auf den Verbrauch kann man einwirken: Durch Atemübungen, durch Meditation und vor allem durch eine Qi-reiche Ernährung wird die vorhandene Qi-Energie langsamer ausgeschöpft, das Leben währt länger und schenkt bis ins hohe Alter Gesundheit und Weisheit.

## Qi-haltige Nahrungsmittel und Zubereitung

- Qi in Fülle findet sich in sonnengereiftem Obst und Gemüse, Pflanzen ohne künstliche Düngung, Tieren und Tierprodukten aus artgerechter Haltung, natürlichem Quellwasser.
- Qi bleibt weitgehend erhalten, wenn Nahrungsmittel frisch zubereitet, roh gegessen, schonend gegart oder nur kurz angebraten werden.
- Qi verringert sich und verschwindet ganz, wenn Nahrungsmittel konserviert, gefroren, lange gekocht, in der Mikrowelle erhitzt oder stark gebraten werden.

## Wann Qi-reiche Nahrung besonders wichtig ist

*Bei Schwäche, Überarbeitung, während Schwangerschaft und Stillzeit, bei Zeitverschiebungen im Zusammenhang mit großen Reisen, Krankheit und Rekonvaleszenz, nach operativen Eingriffen, nach Zahnextraktionen, in Prüfungssituationen, bei psychischer Belastung.*

# Qi-Gerichte

Nähren, bauen auf, schenken Kraft und Gesundheit,
energetisieren, gleichen aus ...

---

## *Pinienkernsuppe mit Ei*

Ein echtes Lebenselixier, das die Ausdauer erhöht

| |
|---|
| *100 g Pinienkerne, gestoßen* |
| *1,5 l Quellwasser (mineralstoffarmes Wasser)* |
| *4 frische Eier* |
| *5 große getrocknete Morcheln, eingeweicht und in Streifen geschnitten* |
| *5 Schalotten, gehackt · 1 EL Essig* |
| *560 g Hühnerfleisch und -knochen · 1 Glas Rotwein* |
| *Salz · Pfeffer* |

Die Pinienkerne im Quellwasser kochen, bis die Flüssigkeitsmenge zur Hälfte verdampft ist, dann die Brühe abseihen und beiseite stellen. Den Essig und 0,7 l Wasser zum Kochen bringen, den Topf vom Herd ziehen und die Eier vorsichtig ins kochende Wasser gleiten lassen. Nach einer Minute die pochierten Eier mit einer Schaumkelle herausheben und mit kaltem Wasser abschrecken.
Das Hühnerfleisch und die Knochen in der Pinienkernbrühe 45 Minuten kochen, anschließend abseihen. Die Brühe mit den gut gespülten Morcheln und den Schalotten aufkochen und die Suppe mit Salz und Pfeffer abschmecken. Den Wein zufügen und je ein Ei in der Suppentasse mit der Brühe übergießen.

# *Eintopf mit Meeresfrüchten*

Erwärmt das gesamte Energiesystem
bei kaltem Wetter

---

Für 6 Personen:

---

*500 g Fisch ohne Gräten (z. B. Seezunge;*
*1 kg Köpfe und Gräten für die Brühe mitgeben lassen)*

---

*250 g Shrimps (Tiefseegarnelen)*

---

*250 g Jakobs- oder Venusmuscheln*

---

*750 g Weißkohl · 6 Schalotten · 2 große Karotten*

---

*200 g frische Champignons · Salz · Pfeffer*

---

FÜR DIE FISCHBRÜHE:

---

*1 kg Fischabfälle (siehe oben), zusätzlich noch Suppengrün*
*und Kräuter (siehe Text) sowie einige Pfefferkörner*

---

Für die Fischbrühe Gräten, Pilzabschnitte, Wurzelgemüse (Sellerie, Karotte, Lauch), Lorbeerblatt, Pfefferkörner und Kräuter in ca. 3 l Wasser mit ¼ l Weißwein etwa 1 Stunde köcheln lassen, dann durchpassieren, salzen und pfeffern.

Den Fisch enthäuten, waschen und in mundgerechte Stücke schneiden. Muschelfleisch und Shrimps ebenfalls kalt waschen.

Das geputzte Gemüse kleinschneiden, die Fischbrühe zum Kochen bringen. Zuerst das Gemüse 5 Minuten in der Brühe kochen, dann die Fischstücke und die Meeresfrüchte zufügen und weitere 15 Minuten köcheln lassen.

# Zimt-Curry-Reis

Wirkt gegen Müdigkeit und ist besonders
leicht verdaulich

| |
|---|
| *250 g mundgerechte Hühnerbruststücke* |
| *2 Zwiebeln, in Scheiben geschnitten* |
| *2 mittelgroße Kartoffeln, gewürfelt* |
| *1 mittelgroße Karotte, geschält und gewürfelt* |
| *1 Apfel, gehackt · 3 Knoblauchzehen, gehackt* |
| *2 EL Currypulver · 2 EL weißes Mehl · 4 EL Butter* |
| *½ l Gemüsebrühe (Instant) · 500 g Reis* |
| *15 g Stangenzimt · 2 EL Öl* |

Den Stangenzimt mit ¼ l Wasser zum Kochen bringen. So lange
köcheln lassen, bis sich die Flüssigkeit auf die Hälfte reduziert
hat.

Den Reis 15 Minuten in gut der doppelten Menge Wasser kochen,
abgießen und beiseite stellen. Aus Butter und Mehl eine helle
Mehlschwitze bereiten und das Currypulver einrühren. ½ l Gemüsebrühe zugießen, Kartoffeln, Karotten und den Apfel dazugeben und bei geschlossenem Topf gar köcheln.

In einer Pfanne die Hühnerstücke mit dem Knoblauch und den
Zwiebeln in Öl braten. Sobald die Karotten und Kartoffeln fast
gar sind, den Inhalt der Pfanne und die durchgeseihte Zimtbrühe
dazugeben. Alles noch einmal aufkochen und auf Reis servieren.

# Die Magie der Transformation

*»... Da sie aber aßen, nahm Jesus das Brot, dankte,*
*und brach's, und gab's den Jüngern und sprach:*
*Nehmet, esset, das ist mein Leib. Und er nahm den Kelch*
*und dankte, gab ihnen den und sprach: Trinket alle daraus;*
*das ist mein Blut des neuen Testaments, welches vergossen*
*wird für viele zur Vergebung der Sünden ...«*

(Matthäus, 26, 27—29, in: Die Heilige Schrift)

Essen ist Magie. Auch wenn die einzelnen chemophysischen
Vorgänge bei der Nahrungsaufnahme noch so genau ent-
schlüsselt werden, wird es immer ein Geheimnis bleiben, wie
Materie — ein Brot, ein Apfel oder ein Stück totes Fleisch —
sich im Körper in Wärme, Bewegung, Geist und Bewußtsein
verwandelt.
Wenn Sie Qi-reiche Nahrung zu sich nehmen, können Sie
die Wirkung noch verstärken, wenn Sie bei der Essens-
zubereitung und beim Essen immer wieder daran denken,
was Sie tun:
Bevor Sie in der Küche mit dem Kochen beginnen, besinnen
Sie sich kurz auf Ihr Vorhaben, Lebenskraft zu wecken.
Denken Sie auch beim Kochen immer wieder daran. Lassen
Sie sich beim Essen Zeit. Bleiben Sie danach noch ein paar
Minuten entspannt sitzen, und nehmen Sie mit Ihrem Körper
Kontakt auf, der Materie in Kraft, Geist und Bewußtsein
transformiert.

# Alles im Gleichgewicht – das Yin-Yang-Prinzip

Das Universum, die Welt, das Leben, der Mensch, Organisches und Anorganisches basieren auf der Zweiheit aus Yin und Yang. Diese Prinzipien können auf alles angewandt werden, z. B.:

| Yin | Yang |
| --- | --- |
| negativ | positiv |
| passiv | aktiv |
| weiblich | männlich |
| Ruhe | Bewegung |
| kalt | warm |
| weich | hart |
| langsam | schnell |
| Tag | Nacht |
| Mond | Sonne |
| Himmel | Erde |
| rechts | links |
| Intuition | Intellekt |
| Materie | Geist |
| Organ | Funktion |
| leise | laut |

usw.

Yang schützt Yin. Es sorgt für körperliche Abwehr (als Immunsystem) und wehrt äußere Krankheiten ab. Yin nährt Yang, es stellt Substanz zur Verfügung, die durch Verbrennung zu Wärme, Geist und Bewußtsein transformiert wird.

Zwischen Yin und Yang besteht eine Wechselwirkung: Je länger z.B. der Tag, um so kürzer ist die Nacht. Oder je stärker der männliche Teil zum Vorschein kommt, um so versteckter ist der weibliche. Yin und Yang sind Gegensätze, die einander bedingen, sich ergänzen und ineinander übergehen: Dem Tag folgt die Nacht, der Hitze die Kühle, der weiblichen Frau der männliche Mann …

Die westliche Einstellung zum Leben ist überwiegend linear. Wir wollen ständig mehr, weil wir voraussetzen, daß es dabei nur in eine Richtung geht: mehr Geld, mehr Glück, mehr Liebe. In das östliche Denken fließt die Dualität oder Polarität allen Seins stärker ein und somit die tiefe Weisheit, daß nichts nur in einer Richtung verläuft: Reichtum birgt Neid, Gier und die Furcht vor Verlust. In der Liebe liegt Eifersucht, Abhängigkeit und Haß. Und das große Glück, dem doch das ganze Streben des westlichen Menschen gehört, ruft immer auch seinen Schatten, die Angst vor Vergänglichkeit.

Bei seiner Ernährung achtet der Taoist besonders auf ein Gleichgewicht zwischen Yin und Yang: Zuviel Yang (Feuer, Geist) mag zwar einen visionären Zustand erzeugen, aber auf die Dauer erlischt der Geist, weil er nicht mehr richtig von der Yin-Seite ernährt wird. Das Gleichgewicht zwischen Yin und Yang opfern viele Suchende, die den Weg der Askese einschlagen. Sie setzen allein auf den Geist (Yang), gehen einer Erlösung im Himmel (Yang) nach, weil sie sie auf Erden (Yin) nicht finden können. Sie verzichten auf ausreichende Nahrungszufuhr (Yin), um ihren Geist (Yang) zu befreien. Ein krankhaftes Extrem ist die Magersucht, bei der in letzter Konsequenz der Körper (Yin) völlig zerfällt. Daß der Himmel (Yang) nicht ohne die Erde (Yin) Heilung und Einsicht gewähren kann, betont auch die moderne Psychologie (z.B. Hellinger).

## Der Yin-Typ

Menschen mit zuviel Yin beziehungsweise zuwenig Yang sind müde, aufgeschwemmt, füllig, kommen nicht hoch, sind lethargisch, einfallslos, erdverhaftet, ängstlich, engstirnig, wissen nicht weiter, sind mutlos, finden keinen Sinn ...

## Der Yang-Typ

Menschen mit zuviel Yang beziehungsweise zuwenig Yin sind unruhig, hitzig, leicht reizbar, phantastisch, ideenreich, abgehoben, unrealistisch, mager, asketisch, illusionär, besessen, haben alles schon ausprobiert, finden keine Ruhe ...

## Yin-Produkte

Algen, Butter, Milchprodukte, Obstsorten wie Banane, Kiwi, Zitrone etc., Gemüse wie Sauerampfer, Tomate und Salate, Pilze, Speiseöl, Süßwasserfische, Schalentiere

*Zubereitung:* Kalte Speisen, Blanchieren, in viel Wasser kochen, langsames Köcheln, Kochen mit erfrischenden Zutaten wie Obst, langsames Garen und Dämpfen

## Yin und Yang

Eier, Getreide, Tee, Tofu

## Yang-Produkte

Fleisch wie Huhn, Wild und Rind, Gewürze wie Chili, Knoblauch und Zimt, Kaffee, Alkohol, Bohnen, Wurzelgemüse

*Zubereitung:* Anbraten, Braten, Grillen, Räuchern, scharf Würzen, Backen

# Yin-Gerichte

Geben Substanz, »erden«, entspannen, beruhigen …

---

## *Fischeintopf mit Tofu*

Ein deftiges Gericht, das dennoch Yin-Kräfte weckt

| |
|---|
| *500 g Seefisch ohne Gräten und Haut, in bissengroße Stücke geschnitten* |
| *5 Stück Tofu in Würfel von 2 cm geschnitten* |
| *1 halber kleiner Kohlkopf, in Streifen geschnitten* |
| *5 große getrocknete Morcheln · 1 l Gemüsebrühe* |
| *1 EL Sojasauce · 3 Stengel Petersilie, kleingehackt* |
| *Zitrone · Salz · Pfeffer* |

Morcheln ca. 3 Stunden vor dem Essen in ¼ l Wasser einweichen. Desgleichen die Tofustücke mit Sojasauce beträufeln und im Kühlschrank stehenlassen. 1 l Gemüsebrühe zum Kochen bringen, die geschnittenen Morcheln zusammen mit der durchgeseihten Einweichbrühe zugeben und 20 Minuten köcheln lassen. Dann die Fisch- und Tofustücke hinzufügen, aufkochen, den Kohl dazugeben und etwa 5 Minuten köcheln lassen. Mit Salz und sehr wenig Pfeffer (Yin-Gericht!) abschmecken. Zum Schluß die kleingehackte Petersilie darüberstreuen. Vor dem Servieren mit einem Spritzer Zitrone abrunden.

# Norisuppe mit Ei

Wärmend, jedoch nicht erhitzend

| |
|---|
| 1,5 l Hühnerbrühe · 3 Eier |
| 2 große Blätter Nori (Seetang) |
| 2 Frühlingszwiebeln, fein gehackt |
| ¼ TL frischer Ingwer, kleingehackt |
| 1 EL Wermut · 1 Schuß Sesamöl |

Noriblätter kurz über einer Flamme oder der Herdplatte rösten, bis sie sich grünlich verfärben. Die Blätter zu kleinen Krümeln brechen und in die Hühnerbrühe geben. Zum Kochen bringen, die Hitze reduzieren und alle Zutaten bis auf die Eier zufügen. Diese verquirlen und in die Bouillon gießen. Sobald die Eier stocken, die Norisuppe servieren.

# Hühnerbrühe selbst zubereitet

Die Basis für viele Gerichte

| |
|---|
| 1 Suppenhuhn · 1 Zwiebel · 2 EL Weißwein |
| 1 Bund Suppengrün · 1 TL frischer Ingwer, kleingehackt |
| 1 EL Salz · 2 l Wasser |

Das Huhn zerteilen und die kleingehackte Zwiebel, Salz, Ingwer, Suppengrün und Wein zufügen. Alles eine halbe Stunde ziehen lassen. Das Wasser zum Kochen bringen, alle Zutaten hineingeben und 2 Stunden köcheln lassen. Die abgekühlte Suppe abseihen und in den Kühlschrank stellen. Am nächsten Morgen die feste Fettschicht entfernen.

# Spinat-Sesam-Rolle

Verbindet mit der Erde

| | |
|---|---|
| *1 kg frischer Spinat · 1 EL Tahini (Sesammus)* | |
| *1½ EL Reiswein · 1½ EL Sojasauce* | |
| *1 EL Sesamkörner · 1 EL Zitronensaft* | |

Den Spinat putzen, waschen und bei mittlerer Hitze in einem geschlossenen Topf mit etwas Salz in 4—5 Minuten zusammenfallen lassen. Zum Abtropfen in ein Sieb schütten und gut ausdrücken, anschließend in große Stücke schneiden.

Sojasauce, Reiswein und Tahini verrühren und unter den Spinat mischen. Eine Rolle formen und diese in daumendicke Stücke schneiden.

Die Sesamkörner in einer Pfanne rösten und die Spinatrolle damit bestreuen. Nach Geschmack mit Zitronensaft beträufeln und mit Reis servieren.

# Yang-Gerichte

Sind stimulierend, aphrodisisch und wirken dem
Alterungsprozeß entgegen

---

## *Hühnerbeine mit Ginseng und Ingwer*

| 4 Hühnerbeine · 1 Glas Reiswein |
|---|
| ½ l Hühnerbrühe (siehe Seite 23) · 2 Schalotten |
| 4 Scheiben frische Ingwerwurzel |
| 15 g Ginseng, in dünne Scheiben geschnitten |

Die Hühnerkeulen im Gelenk durchtrennen und die 8 Teile in eine feuerfeste Keramik- oder Glasform mit Deckel legen. Die Ginseng- und Ingwerscheiben sowie den Reiswein dazugeben. Die Form schließen und das Gericht im Wasserbad bei hoher Temperatur ca. 60 Minuten garen.

Die geschälten, gehackten Schalotten, die Hühnerkeulen, die Ingwer- und Ginsengscheiben in Suppenschalen legen und mit der erhitzten Brühe sowie der Garflüssigkeit übergießen. Nach Geschmack mit Pfeffer würzen.

# Gebratener Lauch

### Vertreibt Müdigkeit aus allen Gliedern

| |
|---|
| *2 EL Öl · ½ Chilischote, kleingehackt* |
| *750 g Lauch, geputzt, gewaschen und in Scheiben geschnitten* |
| *1 Prise Salz und Pfeffer · 1 TL Ingwerpulver · 2 EL Sojasauce* |
| *1 TL Zitronenschalen, ungespritzt · 2 TL Zitronensaft* |

Das Öl in einer Pfanne erhitzen, die Chillies und nach weiteren 3 Minuten auch den Lauch hineingeben. Diesen mit Salz, Pfeffer und Ingwer einige Minuten anbraten, die übrigen Zutaten hinzufügen, vor dem Servieren kurz durchschmoren und abschmecken.

# Spaghetti à la Mahbuba

### Verbinden italienisches Temperament mit chinesischer Weisheit

| |
|---|
| Für 6 Personen: |
| *1 Tasse Olivenöl · 5 Knoblauchzehen, gehackt* |
| *2 Pfefferschoten, gehackt* |
| *500 g frische Shrimps (Tiefseegarnelen) · 800 g Spaghetti* |
| *2 Zitronen, ungespritzt, nur die abgeriebenen Schalen* |
| *½ Bund Petersilie, kleingehackt* |

Das Öl in einer Pfanne erhitzen, den Knoblauch und die Pfefferschoten darin anbraten, bis der Knoblauch goldgelb wird. Die Shrimps dazugeben und alles auf kleiner Flamme garen.
Die Spaghetti in reichlich Wasser mit etwas Öl und Salz »al dente« kochen. Die Nudeln abgießen und in eine vorgewärmte Schüssel schütten. Die Shrimps mit dem Öl dazugeben, die Zitronenschale und die Petersilie daruntermischen und heiß servieren.

# Reisteller Yin-Yang

## Kinderleicht und schmackhaft

| |
|---|
| 1,5 Tassen weißer Reis · 3 Tassen Wasser |
| 500 g Tomaten, geschält · 1 Brühwürfel |
| 2 Knoblauchzehen, kleingehackt · 2 EL Olivenöl |
| 2 kleine getrocknete Pfefferschoten (Peperoni) |
| 1 Bund Basilikum · Saft von 1 Zitrone |
| ⅛ l trockener Weißwein |
| 200 g Shrimps (Tiefseegarnelen) oder Krabben |
| FÜR DIE GARNITUR: |
| 4 Scheiben Tomaten |
| 4 Garnelen oder Krabben bzw. 4 schwarze und 4 grüne Oliven |

Den Reis im Wasser aufkochen, dann bei kleinster Temperatur weitere 17 Minuten köcheln lassen. In der Zwischenzeit den Knoblauch im Öl anbraten, die feingeschnittenen Peperoni zugeben, eine Weile mitbraten. Die Tomaten und den Brühwürfel zufügen, 30 Minuten köcheln lassen und den Weißwein langsam, Löffel für Löffel, einrühren. Die Shrimps unter fließendem kalten Wasser waschen und den Zitronensaft darüberträufeln. Das Basilikum mit einer Schere zerschneiden und mit den Shrimps in den Tomaten-Sugo geben. 5 Minuten kochen.

Den Reis und den Tomaten-Sugo auf jedem Teller in eine Yin-Yang-Form (siehe Titelbild) bringen. Dabei den Reis zuerst auflegen. Für die beiden Mittelpunkte jeweils 1 Scheibe Tomate und 1 Garnele oder auch eine schwarze und eine grüne Olive verwenden.

# Das kleine Geheimnis:
# Yangisieren und Yinisieren

Yangisieren
Grillen, Braten, Räuchern, langes Kochen, Backen — all
das sind Methoden, um die Nahrungsmittel zu yangisieren.
Brät man z. B. Wild, dann erhöht man die vorhandene Yang-
Kraft des Fleisches noch zusätzlich. Möchte man die yini-
sierende Wirkung von Gemüse ausgleichen, braucht man es
nur im Ofen leicht zu überbacken. Auch durch Yang-Gewürze
wie Pfeffer und Knoblauch kann man Yin-Speisen yangisieren.
So läßt sich bei einer Banane, die eine reine Yin-Pflanze ist,
durch Anbraten und die Beigabe von Zimt (ein Yang-Gewürz)
sogar eine Yang-Wirkung erreichen.

Yinisieren
Henry hat stets Zitronen bei sich. Er ist Kursleiter für esoterische
Gruppen und kommt in ganz Europa herum. Seine Seminare
bringen ihn nach München, Wien, Rom, Paris, London, Prag.
Für ihn ist es ein großes Problem, daß er überall eher Yang-
reiche Nahrung bekommt. Fleisch bzw. Fisch sind gegrillt oder
gebraten, Gemüse ist zu lange gekocht, selbst Salat ist häufig
durch Gewürze, insbesondere Essig, »yangisiert«. Er meint, daß
er auf seinen Reisen an Yin-Kräften verliert. Er schläft unruhig,
und seine Gedanken finden keine Ruhe.
Henry weiß, wie man Yang-reiche Nahrung yinisiert. Deswegen hat er immer Zitronen bei sich. Auf jeden Fisch, jedes
Fleisch, über zu stark gebratene Bratkartoffeln oder über
Scheiben von Parmaschinken träufelt er ein paar Tropfen Zitrone.
Natürlich braucht er in den meisten Lokalen nicht nach seiner
eigenen Zitrone zu greifen. Aber des öfteren ißt er im Speise-
wagen oder in einem Gruppenzentrum, und da kann es schon
vorkommen, daß er seine eigenen Zitronen braucht. Außerdem
geben ihm die Zitronen das Gefühl, mit dem Yin in Verbindung
zu stehen. Er visualisiert tatsächlich manchmal die gelbe, küh-
lende, säuerliche Zitrone, um sein eigenes Yin anzuregen.

# Grundbestandteile des Lebens — die fünf Elemente

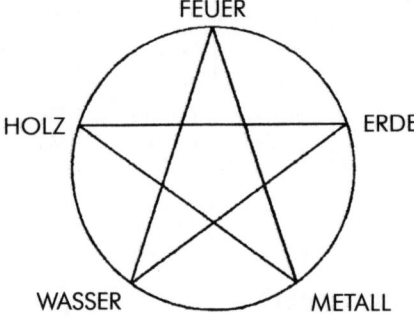

Die Einheit, die mit Hilfe der beiden universalen Prinzipien Yin und Yang unterteilt wurde, erfährt durch die fünf Elemente eine weitere Differenzierung. Elemente sind Grundbestandteile des Lebens. Sie finden sich auf den verschiedensten Ebenen des Seins; sie bestimmen beispielsweise das Klima genauso wie Emotionen und geistige Einstellungen.

# Übersicht über die fünf Elemente

|            | Holz       | Feuer     | Erde         | Metall      | Wasser   |
|------------|------------|-----------|--------------|-------------|----------|
| Jahreszeit | Frühling   | Sommer    | Zwischenzeit | Herbst      | Winter   |
| Klima      | Wind       | Hitze     | Feuchtigkeit | Trockenheit | Kälte    |
| Farbe      | Grün       | Rot       | Gelb         | Weiß        | Schwarz  |
| Yin-Organ  | Leber      | Herz      | Milz         | Lungen      | Nieren   |
| Yang-Organ | Gallenblase| Dünndarm  | Magen        | Dickdarm    | Blase    |
| Geschmack  | Sauer      | Bitter    | Süß          | Scharf      | Salzig   |
| Körpersinn | Sehen      | Sprechen  | Schmecken    | Riechen     | Hören    |
| Stimme     | Schreien   | Lachen    | Singen       | Weinen      | Seufzen  |
| Gefühl     | Wut        | Freude    | Sympathie    | Kummer      | Furcht   |
| Schutzgeist| Hun        | Shen      | Yi           | Po          | Che      |
| Haltung    | Tatkraft   | Liebe     | Sicherheit   | Vertrauen   | Mut      |
|            | Stau       | Egoismus  | Grübelei     | Verlorenheit| Angst    |

## Was ist nun ein Element?

Es ist sowohl ein Zustand als auch eine Energieform, es tritt also in einer Yin- wie in einer Yang-Form auf. Mit »Holz« beispielsweise kann ein Sauerampfersalat gemeint sein und genauso der höchste Zustand menschlicher Flexibilität, die beispielsweise von einem Meister des T'ai Chi oder Aikido beherrscht wird. Ebenso kann »Holz« einen zornigen Menschen bezeichnen. Das Entscheidende dabei ist — anschaulich gesprochen —, daß der Verzehr grünen Sauerampfers zu bestimmten menschlichen — positiven wie negativen — Charaktereigenschaften führen kann. Der Weise des Ostens ißt daher nicht wahllos, was auf den Tisch kommt, er sucht auch aus einer Speisekarte nicht einfach aus, was seinem Gaumen schmecken könnte, sondern ißt, was sein Körper und sein Geist benötigen, um vollkommen zu sein.

*Heil dem Meere! Heil den Wogen,*
*Von dem heiligen Feuer umzogen!*
*Heil dem Wasser! Heil dem Feuer!*
*Heil dem seltnen Abenteuer!*
*Heil den mildgewogenen Lüften!*
*Heil geheimnisvollen Grüften!*
*Hochgefeiert seid allhier,*
*Element' ihr alle vier!*

(J. W. v. Goethe, *Faust II*)

Auch im Westen gibt es eine Elementenlehre, die bis ins ausgehende Mittelalter jedem gebildeten Menschen vertraut war. Diese Lehre ist auch heute noch unter anderem ein wichtiges Fundament der Astrologie. Das westliche System umfaßt allerdings nicht fünf, sondern nur vier Elemente (Feuer, Erde, Luft und Wasser), was auch der Tatsache entspricht, daß im Okzident eher von vier Jahreszeiten (Frühling, Sommer, Herbst und Winter) ausgegangen wird, während im Orient zu den vier Jahreszeiten jeweils eine Zwischenzeit, beispielsweise die Regenzeit, hinzukommt.

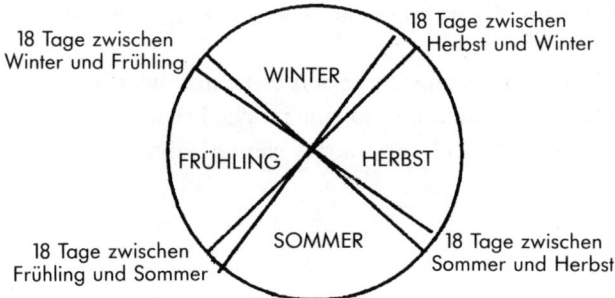

Außerdem ist die östliche Elementenlehre differenzierter als ihre Schwester aus dem Westen; auf ihr basiert die gesamte traditionelle Philosophie sowie die Gesundheits- und Ernährungslehre des Ostens.

# Die fünffache Weisheit

Fünffach ist die Weisheit, die der Mensch durch Anwendung der Elementenlehre erlangen kann:

- Holz macht geschmeidig.
- Feuer nährt die Liebe.
- Erde verleiht Sicherheit.
- Metall schenkt Vertrauen.
- Wasser macht mutig.

Genauso kann der Mensch auf jeder der fünf Elementebenen Schaden erleiden oder sich verlieren:

- Versäumnisse beim Element Holz verleihen einen blockierten Charakter.
- Versäumnisse beim Element Feuer machen gefühlskalt und egoistisch.
- Versäumnisse beim Element Erde erzeugen Unsicherheit.
- Versäumnisse beim Element Metall bewirken ein Gefühl von Verlorenheit.
- Versäumnisse beim Element Wasser erzeugen Angst.

Die richtige Ernährung stärkt den Geist und hebt ihn auf höhere Bewußtseinsebenen, während eine falsche Ernährung das Bewußtsein dämpft und den Geist mutlos werden läßt.

# Der Umgang mit »Holz«

*Positiv:* Tatkraft, Durchsetzungskraft, Dynamik, Wille, Energie, Flexibilität, Geschmeidigkeit, Kreativität, Entscheidungskraft, Urteilskraft

*Negativ:* Stau, Blockade, Starre, Rigidität, Enge, leichte Erregbarkeit, Aggressivität

| | |
|---|---|
| **Jahreszeit:** | Frühling |
| **Klima:** | Wind |
| **Farbe:** | Grün |
| **Yin-Organ:** | Leber |
| **Yang-Organ:** | Gallenblase |
| **Geschmack:** | Sauer |
| **Körpersinn:** | Sehen |
| **Stimme:** | Schreien |
| **Gefühl:** | Wut |
| **Schutzgeist:** | Hun |

Das Element Holz steht für den Frühling, für den Aufbruch aller Energien, für Dynamik und vorwärtsdrängende Energien. Mit der Kraft des »Holzes« findet der Mensch seinen Weg wie ein junger Keimling, der im Frühjahr zum Licht drängt. »Holz« macht geschmeidig, flexibel, kreativ. Zum »Holz« gehört das Pläneschmieden und deren konsequente Durchführung genauso wie die Fähigkeit, Umwege gehen zu können.

Herausforderungen, Abenteuer und Hindernisse erhöhen die Kraft des »Holzes«, dagegen wirkt sich Druck ungünstig aus. »Holz« braucht Freiheit und Unabhängigkeit.

Bei einem Menschen, der bei jeder Kleinigkeit zornig-erregt und aggressiv aus der Haut fährt, ist das Element Holz angestaut. Eine vollständige Blockade führt zu Apathie, Lustlosigkeit, Desinteresse und dem Gefühl innerer Schwere. Weisheit auf der Ebene des Holzelementes beruht auf innerer Ruhe und auf dem hohen Grad an Bewußtsein, entscheiden zu können, ob man seinem Zorn Raum gibt oder nicht. Der Weise ist seinen Gefühlen gegenüber wie ein Reiter mit seinem Pferd, das er fest und dennoch ohne Druck an den Zügeln führt.

Die Kraft des Elementes »Holz« wird gerne mit der Geschmeidigkeit oder Flexibilität eines Bambusholzes, das sich im Wind biegt und danach wieder aufrichtet, verglichen. Auch die katzenartige Geschicklichkeit eines Aikido- oder T'ai-Chi-Meisters, der jeden Angriff ins Leere laufen läßt, beruht auf »Holz«.

## »Holz«-Nahrungsmittel sind grün und/oder schmecken säuerlich bis sauer

*Fleisch:* Ente, Huhn, Lamm, Fasan

*Getränke:* Champagner, Fruchtsaft, Hagebuttentee, Hibiskus- bzw. Malventee, Prosecco, Weißwein (trocken), Weizenbier

*Getreide:* Grünkern, Dinkel, Weizen

*Gemüse:* Essiggurke, junger Löwenzahn, Mungobohnensprossen, Sauerampfer, Sauerkraut, Tomate, Sprossen

*Kräuter/Gewürze:* Essig, Petersilie, Zitrone, Zitronenkraut

*Milchprodukte:* Frischkäse, Joghurt, Kefir, saure Sahne, Sauermilch, Quark

*Obst:* Ananas, Apfel (sauer), Brombeere, Erdbeere, Heidelbeere, Johannisbeere, Kiwi, Orange, Preiselbeere, Rhabarber, Sauerkirsche, Stachelbeere, Zitrone

*Sonstige:* Hefe, Sauerteig

# »Holz«-Gerichte

Machen geschmeidig, flexibel, kreativ …

---

## *Frühlingssalat*

Entgiftet und bringt frische Energien

| |
|---|
| *150 g Sauerampfer · 100 g junger Löwenzahn* |
| *75 g Alfalfa-Sprossen · 75 g Mungobohnensprossen* |
| *100 g Kresse · 1 Bund Schnittlauch* |
| *2 Tomaten, gewürfelt · ½ Bund Petersilie\*, kleingehackt* |
| *1 kleiner Becher saure Sahne · 1 Prise Salz und Pfeffer* |

Alle Salatzutaten waschen, mischen und die Sauce folgendermaßen zubereiten:
Die saure Sahne mit Salz, Pfeffer, Schnittlauch und der Hälfte der Petersilie mischen. Die Sauce über den Salat gießen und unmittelbar vor dem Servieren die restliche Petersilie\* darüberstreuen.

---

\* Siehe »Das kleine Geheimnis« auf Seite 58

# Ente mit Sauerkirschen

## Ein Festschmaus ohne Reue

| |
|---|
| *1 Frühmastente, schlachtfrisch* |
| *500 g frische Sauerkirschen\** · *1 TL Salz* |
| *½ TL weißer Pfeffer, gemahlen* |
| *1 TL Majoran, frisch oder getrocknet* |
| *1 TL Kümmel, ganz oder gemahlen* · *ca. 50 g Butter* |
| *1–2 TL Cognac* · *1–2 TL Eiswasser* |
| *½ Bund Petersilie\** · *1 Glas Rotwein oder Sherry* |

Die bratfertige Ente innen mit Salz, Pfeffer, Majoran und Kümmel einreiben. Butter in der Bratpfanne erhitzen und die Ente
darin von allen Seiten — bei geringer Hitze — langsam anbraten.
Diese Prozedur ist nötig, damit das Fett ausbrät. Dann die Ente
auf eine Seite legen und zugedeckt im heißen Rohr 15 Minuten
braten; mit Bratensaft begießen. Die Ente umdrehen und das Ganze
noch zweimal wiederholen: also stets 15 Minuten braten und
dann mit Saft übergießen. Jetzt wird die Ente rundum mit Bratensaft beträufelt. Den Deckel der Bratpfanne entfernen. Nun die
Ente bei starker Oberhitze oder im heißen Grill unter öfterem
Wenden rasch bräunen. Zum Schluß die Ente noch einmal ins
heiße Rohr schieben, wobei sie mit einer Mischung aus Eiswasser
und Cognac überpinselt wird, wodurch die Haut besonders knusprig wird. Den dunkelbraunen Bratensaft aufsammeln und in einer Extraschüssel servieren. Die Sauerkirschen in der Zwischenzeit sorgfältig entkernen und — kurz vor dem Servieren — in
Rotwein oder Sherry ganz kurz heiß werden (nicht aufkochen)
lassen.

---

\* Siehe »Das kleine Geheimnis« auf Seite 58

Die fertig gebratene Ente wird zuerst mit der kleingehackten Petersilie* bestreut und dann mit den Kirschen* garniert. Den Bratensaft der Ente extra dazureichen. Als Beilage eignet sich sehr gut Kartoffelpüree und Sauerkrautgemüse (siehe unten).
Den Entenbraten sollte man in der Zeit der ersten Sauerkirschen, also im Frühsommer, servieren.

## *Sauerkrautgemüse*

### Vertreibt die dunklen Wintergeister

| |
|---|
| *1 kg Weißkraut* |
| *2–3 EL Schweineschmalz (alternativ Olivenöl)* |
| *1 mittelgroße Zwiebel · 1 Apfel* · 1 Kartoffel · 1 Möhre* |
| *5–7 Wacholderbeeren · 1 Glas Weißwein* |
| *Salz · Pfeffer · Zitrone** |

Das Kraut auseinanderpflücken, sorgfältig waschen und zerkleinern. Das Fett (wer kein Schweineschmalz verträgt, nimmt Gänseschmalz oder reines Olivenöl) erhitzen und das Kraut gut darin wenden. Die geschälte, feingeschnittene Zwiebel, den geschälten und zerschnittenen Apfel*, die geputzte, geraffelte Möhre sowie die übrigen Gewürze zugeben, mit Wasser auffüllen. Ist das Kraut weich gekocht, die rohe, geschälte Kartoffel hineinreiben, damit das Gemüse sämig wird, und mit Wein abschmecken. Zum Schluß mit einigen Tropfen Zitrone* beträufeln.
Sauerkrautgemüse eignet sich vorzüglich als Beilage zu den verschiedensten Fleischgerichten, z. B. auch zum vorhergehenden Entenbraten. Des weiteren ist dieses Gemüse auch ein ausgezeichnetes Mittel, um den Körper im Frühjahr zu entschlacken.

---

* Siehe »Das kleine Geheimnis« auf Seite 58

# Der Umgang mit »Feuer«

*Positiv:* Bewußtsein, Fülle, Herzenskraft, Lebensfreude, Lachen, Liebe, Lust, Enthusiasmus, Kreativität, Mitgefühl, Sein, Wärme, Zeitlosigkeit

*Negativ:* Abhängigkeit, Druck, Egoismus, Herzlosigkeit, Streß

| | |
|---|---|
| **Jahreszeit:** | Sommer |
| **Klima:** | Hitze |
| **Farbe:** | Rot |
| **Yin-Organ:** | Herz |
| **Yang-Organ:** | Dünndarm |
| **Geschmack:** | Bitter |
| **Körpersinn:** | Sprechen |
| **Stimme:** | Lachen |
| **Gefühl:** | Freude |
| **Schutzgeist:** | Shen |

»Feuer« steht für die Fülle des Sommers, für Lebensfreude, Lachen, Lust, Liebe, Enthusiasmus und für einen erhabenen, selbstbewußten Geist.

Shen, der Schutzgeist des Feuerelementes, wacht über das dritte Auge und damit über die Klarheit des Bewußtseins. Wie die Sonne im Sommer strahlend und majestätisch über der nördlichen Halbkugel weilt, so achtet der Weise darauf, daß sein eigenes Bewußtsein über seinem ganzen Leben thront. Auch unsere Inspirationen werden vom Feuerelement gelenkt. Das »Feuer« befindet sich im Herzen und nährt unser Mitgefühl und unsere Liebe. Daher geht mit einem Mangel an Feuer immer auch eine Armut an Herzenswärme und Mitgefühl für andere einher. Auch um Emotionen und Ideen richtig zu bewerten, braucht es die Kraft des Feuers. Ein Mangel führt zu innerer Leere und Abhängigkeit von äußerer Anerkennung.

Ein zu hoher Feueranteil dagegen macht unruhig und setzt das Leben unter beständigen Druck. Die Zeit gehört gemäß der chinesischen Philosophie zum Feuerelement; daher leidet das Herz am meisten unter Zeitdruck und Streß. Wieder sei zum Vergleich auf das Bild der Sonne verwiesen: Gleich einem König zieht sie geruhsam und gelassen und dennoch voller Kraft ihre Bahn.

## »Feuer«-Nahrungsmittel sind rot und/oder schmecken bitter

*Fleisch:* Hammel, Lamm, Schaf, Ziege, alle gegrillten Fleischsorten
*Getränke:* Bittere Liköre, Cognac, Enziantee, Fernet Branca, Grüner Tee, Kaffee, Löwenzahnwurzeltee, Pils (bitter), Rotwein (trocken), Schwedenkraut, Wermut
*Getreide:* Buchweizen, Roggen
*Gemüse:* Artischocken, Chicorée, Eisbergsalat, Endivien, Feldsalat, Kopfsalat, Radicchio, Rosenkohl, Rote Bete
*Kräuter/Gewürze:* Beifuß, Kakao, Mandeln, Mohn, Oliven, Oregano, Rosmarin, Rosenpaprika, Thymian, Salbei, Wacholder
*Milchprodukte:* Schafskäse, Ziegenkäse
*Obst:* Grapefruit, Holunder, Quitte

# »Feuer«-Gerichte

Machen lebensfroh, liebevoll, enthusiastisch,
erhaben, selbstbewußt ...

---

## *Sommersalat*

Leicht und feurig, erweckt Yang-Kräfte

| |
|---|
| *150 g Rucolasalat (Rauke)  ·  ½ Kopf Radicchio* |
| *100 g Löwenzahn  ·  2 Tomaten, gewürfelt* |
| *½ Tasse Olivenöl  ·  ½ Tasse Oliven, entkernt* |
| *1 EL Balsamico-Essig  ·  2 EL Senf, mittelscharf* |
| *1 TL Tahini (Sesammus)* |
| *1 Tasse frischer Parmesan, grob geraspelt* |
| *1 Prise Salz und Pfeffer  ·  1 TL Rosmarin** |

Den Salat waschen und die Sauce folgendermaßen bereiten: Das
Öl, den Balsamico-Essig, den Senf und das Tahini in ein Glas mit
Deckel geben und alles gut durchschütteln. Das Dressing mit Salz
und Pfeffer abschmecken. Den Salat mit der Salatsauce und den
Oliven mischen, mit Parmesan und zum Schluß mit Rosmarin*
bestreuen.

---

* Siehe »Das kleine Geheimnis« auf Seite 58

# *Feuerbetensuppe*

Ein für Rote Bete ungewöhnliches Gericht

| |
|---|
| *2 EL Öl · 1 Zwiebel, kleingehackt* |
| *1 Knoblauchzehe, kleingehackt* |
| *1 kg Rote Bete, geschält und gewürfelt* |
| *1 EL Cumin (Kreuzkümmel)* |
| *1 TL Curcuma (Gelbwurz) · 1 Prise Oregano* |
| *2 TL Rosenpaprika\* · 125 g Crème fraîche* |

Das Öl erhitzen, die Zwiebeln und den Knoblauch darin dunkelbraun braten. Cumin, Curcuma, Oregano und Salz zufügen, mit 1 l Wasser ablöschen. Die Roten Bete darin ca. 20 Minuten kochen. Die Suppe pürieren und in Suppenschalen mit 1 EL Crème fraîche servieren. Zum Schluß den Rosenpaprika\* darüberstreuen.

---

\* Siehe »Das kleine Geheimnis« auf Seite 58

# *Lammfleischspieße*

Ein griechischer Sommertraum

| |
|---|
| *1 große Zwiebel, geschält und gerieben* |
| *1 TL Salz · 2 EL Rosmarin** |
| *750 g Lammschulter, groß gewürfelt* |
| *2 EL Olivenöl · 5 Tomaten · 2 TL Thymian** |
| *3 Becher Sahnejoghurt · ¼ TL Salz* |

Die Zwiebeln, etwas Rosmarin und das Salz verrühren und ¼ Stunde ziehen lassen. Das Lamm mit dem Öl und der Zwiebelmasse in eine Schüssel geben, gut verrühren und 1 Stunde marinieren. Die Fleischstücke auf geölte Spieße stecken und im vorgeheizten Grill unter mehrmaligem Wenden garen. Währenddessen die Tomaten kurz blanchieren und häuten, in kleine Würfel schneiden und in einer Pfanne braten. Den Thymian* hinzufügen. Die fertigen Fleischspieße mit diesem Tomatenmus überziehen und nach Geschmack den gesalzenen Joghurt darübergießen. Zum Schluß das Ganze mit dem Rest des Rosmarins* bestreuen.

---

* Siehe »Das kleine Geheimnis« auf Seite 58

# Der Umgang mit »Erde«

*Positiv:* Ausdauer, Ernte, Fruchtbarkeit, Halt, Ordnung, Selbständigkeit, Sicherheit, Verläßlichkeit, Verwurzelung
*Negativ:* Grübelei, Kleinlichkeit, Unselbständigkeit, Zwanghaftigkeit

| | |
|---|---|
| **Jahreszeit:** | Zwischenzeit |
| **Klima:** | Feuchtigkeit |
| **Farbe:** | Gelb |
| **Yin-Organ:** | Milz |
| **Yang-Organ:** | Magen |
| **Geschmack:** | Süß |
| **Körpersinn:** | Schmecken |
| **Stimme:** | Singen |
| **Gefühl:** | Sympathie |
| **Schutzgeist:** | Yi |

Die Natur des Erdelements ist es, zu erhalten, zu vermehren, zu transformieren und zurückzugeben. »Erde« ernährt unser Gedächtnis, gibt unseren Gedanken Form, Ordnung und somit dem Geist einen Halt. Die Fähigkeit, sich zu konzentrieren und auf das Wesentliche zu besinnen, ist auch die Voraussetzung für die Meditation, der wichtigsten Methode, Weisheit und Erleuchtung zu erlangen.

Fehlt »Erde«, stellen sich Vergeßlichkeit und ein Unwille den Aufgaben des Lebens gegenüber ein. Zerstreutheit, die Krankheit unserer Zeit, nimmt allmählich von der Kraft klarer Gedanken Besitz. Des weiteren sind Menschen mit einem Mangel an »Erde« oft unselbständig und stehen auch als Erwachsene nicht auf ihren eigenen Beinen.

Exzessive Erde dagegen macht kleinlich und führt zu fixen Ideen und Vergangenheitsbesessenheit. Die Lebendigkeit des Lebens wird durch Planung und den Gesichtspunkt der Zweckmäßigkeit erstickt.

## »Erd«-Nahrungsmittel sind grün und/oder schmecken süßlich bis süß

*Fleisch:* Kalb, Rind

*Getränke:* Apfelsaft, Honigtee, Fencheltee, Gemüsesaft, Likör, Malzbier, Süßholztee, Traubensaft

*Getreide:* Gerste, Hafer, Hirse, Mais, Reis, Süßreis

*Gemüse:* Aubergine, Avocado, Blumenkohl, Broccoli, Buschbohne, Champignon, Fenchel, Karotte, Kartoffel, Kastanie, Kohl, Mangold, Paprika (süß), Spargel, Spinat

*Kräuter/Gewürze:* Estragon, Fenchel, Kümmel, Safran, Vanille, Zimt

*Milchprodukte:* Butter, Ei, Käse, Milch, Sahne

*Nüsse/Samen:* Erdnuß, Haselnuß, Kokos, Mandeln, Pistazie, Sonnenblumenkerne, Walnuß

*Obst:* Apfel (süß), Aprikose, Dattel, Feige, Honigmelone, Pfirsich, Pflaume, Traube, Süßkirsche

*Speiseöl:* Distelöl, Olivenöl, Sesamöl, Sojaöl, Sonnenblumenöl, Weizenkeimöl

*Sonstiges:* Ahornsirup, Honig, Kokosmilch, Malz, Marzipan, Rohrzucker, Sojamilch, Tofu

# »Erd«-Gerichte

Verleihen Ausdauer, Halt, Ordnung, Sicherheit,
Verläßlichkeit …

---

## *Reis-Pilao*

Ein Gericht, das die geschmackliche und farbliche
Vielfalt der Erde vermittelt

(Auch sehr gut als Qi–Gericht geeignet)

| |
|---|
| *2 Tassen Naturreis · 1 EL Kokosfett* |
| *1 EL Senfkörner · 1 EL Ingwer, kleingehackt* |
| *1 Zwiebel, kleingehackt · ¼ Sellerie, geschält und gewürfelt* |
| *2 Karotten, gewürfelt* |
| *½ Stange Lauch, gewaschen und in Scheiben geschnitten* |
| *2 Tassen Erbsen · 2 Tassen Kürbis, gewürfelt* |
| *½ Tasse Rotwein · 1 Tasse Rosinen, in Wasser eingeweicht* |
| *2 TL Curry · 2 EL Petersilie, kleingehackt* |
| *½ EL Fenchelsamen\*, zerstoßen* |

Zuerst die Rosinen in Wasser einweichen. Den Reis in ¾ l Wasser
ca. 17 Minuten kochen. Das Fett in einer großen Pfanne erhitzen
und die Senfkörner, den Ingwer und die Zwiebeln darin gut anbraten. Die Pfanne beiseite stellen. Die Gemüse soweit andünsten, daß sie noch Biß haben (wichtig!), anschließend in die Pfan-

---

\* Siehe »Das kleine Geheimnis« auf Seite 58

ne mit den Zwiebeln geben, auf kleiner Flamme warm halten und mit Curry, Salz und Pfeffer würzen. Kurz bevor der Reis gar ist, den Rotwein ans Gemüse gießen. Noch einmal kurz erhitzen, dann den abgetropften Reis mit Gemüse, Petersilie und Rosinen mischen und in einer vorgewärmten Schüssel servieren. Kurz zuvor mit den gemahlenen Fenchelsamen* bestreuen.

## *Fenchelrindfleisch*

Zur Rekonvaleszenz — erdet, ohne schwer zu sein

(Auch sehr gut als Qi-Gericht geeignet)

| |
|---|
| *400 g Rindsfilet, in mundgerechte Würfel geschnitten* |
| *100 g Sesamsamen* |
| *2 Fenchel, halbiert und in Scheiben geschnitten* |
| *2 EL Butter · 1 TL Fenchelsamen* |
| *1 Tasse Rotwein · 1 TL Sojasauce · 1 Tasse Wasser* |
| *½ TL Kümmel\*, gemahlen* |

Die Sesamsamen in einer Pfanne goldbraun rösten und in einem Mörser zerreiben. Die Rindfleischstücke darin wälzen und 1 Stunde ruhen lassen. Nun die Fenchelsamen rösten und zu Pulver zerstoßen.

Die Butter in einer Pfanne erhitzen und das Fleisch und den frischen Fenchel darin 1 Minute anbraten. Mit Wasser und Wein löschen. Aufkochen und bei kleiner Hitze 30 Minuten köcheln lassen. Am Schluß das Fenchelpulver und die Sojasauce zufügen, gut umrühren und in kleinen Schüsseln servieren. Unmittelbar vor dem Servieren den Kümmel* über das Gericht streuen.

---

* Siehe »Das kleine Geheimnis« auf Seite 58

# Hafer-Mais-Auflauf

Die Fülle der goldenen Erntezeit

(Auch sehr gut als Qi-Gericht geeignet)

| |
|---|
| 2 Tassen Maismehl · 2 Tassen Hafermehl |
| 7 Tassen Wasser · 3 Tassen Datteln, entkernt und gewürfelt |
| 1½ TL Salz · 3 Äpfel, gerieben |
| 3 EL Mandel- oder Sesammus (Tahini) · gut 1 Tasse Honig |
| 1 Tasse Weizenmehl · 1½ TL Zimt* |
| ½ Tasse Mandeln, gehackt |

Das Mais- und Hafermehl mit Wasser und Salz aufkochen und bei kleiner Flamme 20 Minuten quellen lassen. Alles im Mixer pürieren. Die restlichen Zutaten hineinmischen. In eine gefettete Backform füllen und bei 175 °C 1½ Stunden backen. Vor dem Servieren noch etwas Honig und Butter auf die Oberfläche streichen und mit Zimt* bestreuen. Heiß oder warm servieren.

* Siehe »Das kleine Geheimnis« auf Seite 58

# Der Umgang mit »Metall«

*Positiv:* Abgrenzung, Hingabe, Nähe/Distanz, Sicherheit, Transformation, Vertrauen, Verschmelzung
*Negativ:* Kaltblütigkeit, Machtbesessenheit, Destruktivität

| | |
|---|---|
| **Jahreszeit:** | Herbst |
| **Klima:** | Trockenheit |
| **Farbe:** | Weiß |
| **Yin-Organ:** | Lungen |
| **Yang-Organ:** | Dickdarm |
| **Geschmack:** | Scharf |
| **Körpersinn:** | Riechen |
| **Stimme:** | Weinen |
| **Gefühl:** | Kummer |
| **Schutzgeist:** | Po |

»Metall« verkörpert den unsichtbaren Reichtum der Erde und ebenso die unbewußten Kräfte und Quellen unserer Seele. Reichtum an »Metall« verleiht Sicherheit jenseits aller materiellen Fülle, schenkt die Kraft, sich zu schützen, und schafft das Vertrauen, sich fallen zu lassen. Die Fähigkeit, etwas anzunehmen und mit anderen zu sein, beruht auf diesem Element genauso, wie allein sein zu können und sich von anderen abzugrenzen. »Metall« bildet daher die Grundlage für partnerschaftliche Gemeinsamkeit und genauso für Individualität. Es ermöglicht Hingabe, die zu Verschmelzung, Transformation und Erleuchtung führt. Auf der Basis des Elements Metall entsteht die Kraft des Vertrauens.
Ein Mangel an »Metall« führt zum Verlust des Schutzinstinktes, zu Trauer, Verworrenheit und Hoffnungslosigkeit. Übertriebene Fülle von »Metall« macht kaltblütig, machtbesessen und selbstzerstörerisch.

## »Metall«-Nahrungsmittel sind weiß und/oder schmecken scharf

*Fleisch:* Gans, Hase, Hirsch, Reh, Truthahn, Wachtel, Wildschwein

*Getränke:* Alle Schnäpse, Pfefferminztee, Reiswein, Whisky, Yogi-tee

*Getreide:* Hafer, Reis

*Gemüse:* Lauch, Kresse, Meerrettich, Radieschen, Rettich, Zwiebel

*Kräuter/Gewürze:* Basilikum, Chili, Curry, Ingwer, Kardamom, Knoblauch, Koriander, Muskat, Nelke, Pfeffer, Schnittlauch, Senf, Tabasco

*Milchprodukte:* Fermentierte Käsesorten, Schimmelkäse

# »Metall«-Gerichte

Schenken Vertrauen, Liebes- und
Hingabefähigkeit …

---

## *Pesto-Reis*

Erdet und schützt

---

*2 Tassen Naturreis · 3 große Knoblauchzehen*

*4 Tassen Basilikumblätter · 3 EL Pinienkerne*

*¼ Tasse Olivenöl · 2 EL Kresse\*, gehackt*

---

Den Reis mit gut ¾ l Wasser kochen. Den geschälten Knoblauch im Mörser fein zerdrücken oder mit einem Handmixer pürieren. Die Basilikumblätter zufügen und fein zerstampfen, danach die Pinienkerne etwas gröber pürieren. Zuletzt das Öl nach und nach zugeben, bis sich eine dicke Paste bildet. Die Pestosauce mit dem fertigen Reis mischen und das Gericht mit Kresse\* bestreuen.

---

\* Siehe »Das kleine Geheimnis« auf Seite 58

# Gemüsetopf »Hemmungslos«

## Die Vitaminspritze für naßkalte Herbsttage

### (Auch sehr gut als Yang-Gericht geeignet)

| |
|---|
| *4 EL Öl · 500 g Zwiebeln, grob gehackt* |
| *2 Pfefferschoten · 5 Knoblauchzehen, fein gehackt* |
| *1 Nelke · 1 Prise Zimt · 1 Stiel Rosmarin* |
| *1 Stange Lauch, gewaschen und in Scheiben geschnitten* |
| *3 Karotten, gewürfelt · 2 Paprikaschoten, in Streifen geschnitten* |
| *1 Rettich, gewürfelt · 4 Tomaten, gehäutet und geviertelt* |
| *2 Zucchini, gewürfelt* |
| *¾ l Gemüse- oder Hühnerbrühe (siehe Seite 23)* |
| *1 TL Honig · 1 Prise Salz · Pfeffer\** |

Das Öl in einer hochwandigen Pfanne erhitzen und die Zwiebeln und den Knoblauch darin anbraten. Die Pfefferschoten, Nelke, Zimt und Rosmarin, nach weiteren 5 Minuten den Lauch, Paprika, Karotten und den Rettich dazugeben. Bei mittlerer Hitze alles 10 Minuten dünsten, bevor die Tomaten, Zucchini, Honig und die Brühe dazukommen. Salzen, gut vermischen und zugedeckt etwa 25 Minuten schwach köcheln lassen. Mit Reis oder Hirse servieren. Zum Schluß frischen Pfeffer\* darübermahlen.

---

\* Siehe »Das kleine Geheimnis« auf Seite 58

# Marinierte Pute

Ein kräftiges Gericht aus Mexiko

| |
|---|
| *1 Pute von 3 kg, in 4 Portionen zerlegt* |
| FÜR DIE MARINADE: |
| *100 g Zwiebeln, gehackt · 6 Knoblauchzehen, fein gehackt* |
| *3 Nelken · ½ TL Pfefferkörner* |
| *2 Lorbeerblätter · Salz · ¼ l Weißwein* |
| ZUM BRATEN: |
| *3 EL Olivenöl · 200 g Tomaten, enthäutet und klein gewürfelt* |
| *1 Zimtstange, im Mörser zerstoßen* |

Die Putenteile salzen und mit Zwiebeln und Knoblauch bestreuen. Die Nelken- und Pfefferkörner sowie die Lorbeerblätter dazugeben. Alles mit dem Wein übergießen und die Pute ca. 6 Stunden marinieren. Die Pute abtrocknen und in erhitztem Öl von allen Seiten anbraten. Die gewürfelten Tomaten, den Zimt und die Hälfte der Marinade zufügen. Im vorgeheizten Backofen 2½–3 Stunden garen. Den Braten dabei öfter mit dem eigenen Saft übergießen.

# Der Umgang mit »Wasser«

*Positiv:* Einfachheit, Willenskraft, Furchtlosigkeit, Genügsamkeit, Klarheit, Mut, Unbeirrbarkeit, Weisheit
*Negativ:* Ängstlichkeit, Hilflosigkeit, Kälte, Lebensangst, Verirrung

| | |
|---|---|
| **Jahreszeit:** | Winter |
| **Klima:** | Kälte |
| **Farbe:** | Schwarz |
| **Yin-Organ:** | Nieren |
| **Yang-Organ:** | Blase |
| **Geschmack:** | Salzig |
| **Körpersinn:** | Hören |
| **Stimme:** | Seufzen |
| **Gefühl:** | Furcht |
| **Schutzgeist:** | Che |

»Wasser« ist ein Sinnbild für Unendlichkeit, und es enthält den Samen der Entstehung und allen Neubeginns. In der taoistischen Tradition repräsentiert es Weisheit als Abwesenheit von Leidenschaft und die Fähigkeit, mit den Bedingungen des Lebens zu fließen. »Wasser« nährt auch das Mitgefühl für die gesamte Schöpfung — die All-Liebe. Tief im »Wasser« ruht der große Mut und die unbeirrbare Willenskraft des Menschen. Allerdings ist der Weg dorthin mit Angst und Widerstand verbunden. Denn er verlangt ein einfaches und genügsames Leben und den Verzicht auf Wunscherfüllung und sofortige Triebbefriedigung. Als Symbol für die Verwandlung von Emotionen — beispielsweise Begierde und Zorn — in Weisheit, die höchste Eigenschaft des Wasserelementes, steht die Lotosblüte, deren Schönheit und Reinheit sich nur in sumpfigem Wasser entfaltet. So läßt sich der Weise von seiner Angst nicht beirren und entdeckt den reinen Geist.

Exzessives »Wasser« führt zu Unbesonnenheit, Waghalsigkeit und Verwirrung des Geistes bis hin zum Wahnsinn. Eine andere Folge sind aber auch innere und äußere Kälte.

»Wasser-Leere« dagegen führt zu Entscheidungslosigkeit, und tiefen, oft grundlosen Angstgefühlen. Es fehlt an der Kraft, im Leben etwas zustande zu bringen.

## »Wasser«-Nahrungsmittel sind schwarz und/oder schmecken salzig

*Fisch:* Alle Seetiere wie Aal, Austern, Barsch, Forelle, Hummer, Kaviar, Lachs, Languste, Muschel, Scholle, Shrimps, Thunfisch, Tintenfisch

*Getränke:* Mineralwasser

*Gemüse:* Alge, Austernpilze, Kombu, Nori, Spargel

*Hülsenfrüchte:* Erbse, Linse, Sojabohne

*Kräuter/Gewürze:* Miso, Salz, Sesam, Sojasauce

# »Wasser«-Gerichte

Machen einfach, furchtlos, genügsam, mutig,
unbeirrbar, weise …

---

## *Austernpilze mit Spargel*

Ein Yin-Gericht, das Yang aufbaut

(Auch sehr gut als Qi-Gericht geeignet)

| | |
|---|---|
| *½ Zwiebel, fein gehackt · 2 EL Butter* | |
| *1 kg Austernpilze, mundgerecht geschnitten · 3 EL Reiswein* | |
| *2 EL Petersilie, fein gehackt · ⅓ Tasse Walnußkerne, gehackt* | |
| *500 g Spargel, weiß und geschält* | |
| *1 kg Kartoffeln, festkochend · 1 Prise Kräutersalz\** | |

Biologisch angebaute Kartoffeln mit der Schale kochen, sonst
Salzkartoffeln zubereiten. Den Spargel in Salzwasser mit etwas
Butter kochen. Die Zwiebeln in einer Pfanne in der Butter leicht
andünsten, bevor die Austernpilze in derselben Pfanne kurz angebraten werden. Unter mehrmaligem Umrühren 15 Minuten
dünsten. Reiswein, Walnüsse und Petersilie zufügen und auf kleiner Flamme köcheln, während Sie Kartoffeln und Spargel abgießen. Zum Schluß noch etwas Kräutersalz\* darüberstreuen.

---

\* Siehe »Das kleine Geheimnis« auf Seite 58

# Schwarze Bohnensuppe
# mit Kombu

## Gegen die beißende Kälte des Winters

---

*2 Tassen schwarze Bohnen, über Nacht*
*in reichlich Wasser eingeweicht*

---

*2 TL Olivenöl · 2 TL Knoblauch, geschält und kleingehackt*

---

*2 große Zwiebeln, gewürfelt · 1 Karotte, gewürfelt*

---

*1 Lorbeerblatt · 1 Blatt Kombu (getrocknete Meeresalge)*

---

*2 TL Gemüsebrühe (Instant) · 1 TL Meersalz*

---

*1 EL Sojasauce\**

---

Das Olivenöl in einem Suppentopf erhitzen, den Knoblauch und die Zwiebeln darin anbraten. Mit 1 l Wasser ablöschen und die Bohnen und den Kombu hineingeben. Zusammen aufkochen und den Schaum von der Oberfläche schöpfen. Nun all die anderen Zutaten dazugeben und alles 3 Stunden auf kleiner Flamme kochen. Den Kombu herausnehmen und die Hälfte der Suppe im Mixer pürieren. Das Püree wieder in die Suppe mischen. Zum Schluß mit ein paar Spritzern Sojasauce\* nachwürzen.

---

\* Siehe »Das kleine Geheimnis« auf Seite 58

# Fischsuppe »Goa«

Der Ausgleich für einen heißen Sommertag

---

*750 g Mittelmeerfisch (Kabeljau, Scholle, Schellfisch, Seeaal, Makrele)*

---

*2 EL Zitronensaft · 1 TL Meersalz\* · ½ Tasse Olivenöl*

---

*1 Zwiebel, gewürfelt · 1 Karotte, gewürfelt*

---

*1 Stange Lauch, gewaschen und in Ringe geschnitten*

---

*½ Tasse Sellerie, geschält und gewürfelt*

---

*2 Knoblauchzehen, kleingehackt · 1 Lorbeerblatt*

---

*3 mittelgroße Kartoffeln, geschält und gewürfelt*

---

*½ Bund Petersilie, kleingehackt*

---

*1 Blatt Nori (Meeresalge)*

---

Fische in bissengroße Stücke schneiden, mit Zitronensaft beträufeln und 15 Minuten ziehen lassen. Den Fisch in 1 l Salzwasser 15 Minuten kochen. Das Öl in einem großen Topf erhitzen, Zwiebeln, Karotten, Lauch, Sellerie und Knoblauch darin anbraten. Fischbrühe, Kartoffeln und Lorbeerblatt hinzugeben und die Suppe 10 Minuten köcheln. Die Fischstücke zufügen und weitere 10 Minuten köcheln. Das Noriblatt kurz auf dem Feuer erhitzen, bis es gerade grün und knusprig wird. Vor dem Servieren in die Suppe krümeln, die Petersilie und noch etwas Meersalz\* darüberstreuen.

---

\* Siehe »Das kleine Geheimnis« auf Seite 58

## Das kleine Geheimnis:
## Elementisieren

In der taoistischen Küche gibt es ein »Geheimnis«, das folgendes besagt: Man gibt die einzelnen Gewürze immer in einer Reihenfolge zu, daß dasjenige Gewürz, welches für den endgültigen Geschmack steht, am Ende zugesetzt wird. Bereitet man z. B. das »Holz«-Gericht *Frühlingssalat* zu, dann wird ganz zum Schluß, also direkt vor dem Servieren, entweder mit noch etwas Petersilie (ein »Holz«-Gewürz) abgeschmeckt bzw. abgerundet. Stellt man einmal fest, daß trotz allem im Salat noch etwas Salz (ein »Wasser«-Gewürz) fehlt, dann kann man dieses zwar noch hinzufügen, sollte danach aber auch noch etwas Petersilie dazugeben. Bei den einzelnen Rezepten sind daher immer diejenigen Zutaten, die die jeweils vorgegebene Geschmacksrichtung abrunden und daher beenden sollen, mit einem Stern (*) versehen.
Das Elementisieren ist von großer Bedeutung, kann doch ein erfahrener Koch der chinesischen Heilkunst jedem Essen zum Schluß noch eine gewisse Tendenz oder Richtung verleihen.
So läßt sich durch eine Prise Salz am Ende ein reines »Feuer«-Gericht noch leicht in die »Wasser«-Richtung lenken. Genauso kann man durch die Beigabe von Pfeffer zum Schluß jedem Gericht noch eine »Metall«-Färbung verleihen.

# Die sieben Kraftzentren

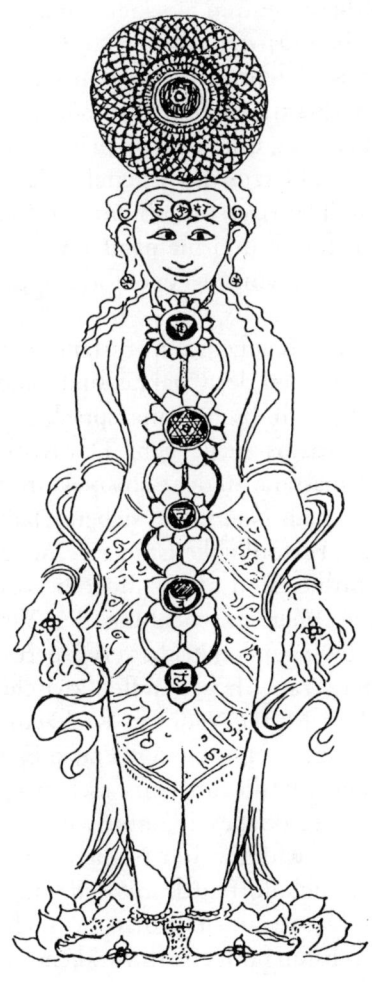

Die sieben Chakras sind Kraftzentren im Körper — Energiewirbel, die unser physisches, emotionales, mentales und spirituelles Wohlbefinden wesentlich mitgestalten. Der Mensch gewinnt an Ausstrahlungskraft, Wissen und geistigem Weitblick, wenn die Chakras lebendig pulsieren können, und er wirkt erschöpft und engstirnig, wenn diese Zentren blockiert sind.

Auf vielen asiatischen Darstellungen sind die Chakras Lotosblüten. Das unterste Kraftzentrum, wie man Chakras auch nennt, wird von einer vierblättrigen Blüte symbolisiert. Je weiter oben sich das Chakra befindet, um so mehr Blätter weist es in der Regel auf. Das siebte und letzte, das Scheitel- oder Kronen-Chakra, gleicht einer tausendblättrigen Lotosblume. Verbunden werden die einzelnen Chakras durch drei ineinander verflochtene Energiekanäle. Zwei davon schwingen bogenförmig, der dritte verläuft geradlinig.

Das Wissen über diese Kraftzentren entstand im indischen Raum und in Tibet. Die Namen der Chakras sind daher »sanskritisch«. Sanskrit ist eine uralte indische Kunstsprache, die bis ins fünfte Jahrhundert vor Christus zurückgeht. Das Kronen-Chakra beispielsweise heißt Sahasrara, zu deutsch »Nektar«, und die Verbindungskanäle nennt man Nadis. Die sieben Chakras ergeben zusammen eine Art »Persönlichkeitstheorie«, in der menschliche Eigenschaften geordnet und aufeinander bezogen werden. Die Chakras sind eine Weiterentwicklung des Yin-Yang-Modells: Von den beiden schwingenden Nadis verkörpert nämlich das eine Yin und das andere Yang. Jedes Treffen zwischen ihnen schafft zusammen mit dem Mittel-Nadi ein Kraftzentrum. Durch die Nadis und die Kraftzentren schwingt Prana. Es ist das Sanskritwort für Lebensenergie, die im chinesischen Qi heißt und im ersten Abschnitt dieses Buches erläutert wurde. Die sieben Chakras werden genauso wie die drei Nadis im Körper lokalisiert. Natürlich lassen sie sich dort auch mit den feinsten Apparaturen nicht nachweisen. Deswegen stellt man sie auch als Lotosblüten dar, um jede Verwechslung mit einem wirklichen Organ von vornherein auszuschließen. Die Chakras sind Energiezentren, und die Nadis sind Energieträger. Man nennt sie feinstoffliche Substanzen. Sie gehören — wie beispielsweise auch die Seele — einer anderen, nämlich metaphysischen Dimension an, die sich der modernen Naturwissenschaft entzieht. Allerdings behaupten manche Personen, sie unmittelbar als Ausstrahlung (Aura) sehen zu können. Und es gibt auch Verfahren — wie die Kirlian-Photographie — mit deren Hilfe man immerhin die Wirkung dieser Kraftzentren zeigen kann.

# Muladhara —
# das erste Chakra

*Sanskritbezeichnung:*
Muladhara
*Symbol:* Vierblättriger Lotos,
Quadrat
*Farbe:* Blutrot
*Weitere Namen:* Basis-Zentrum,
Wurzel-Chakra
*Lage:* Am Steißbein bzw. Darm
*Sinnesfunktion:* Riechen
*Bedeutung:* Lebenswille, Stand-
festigkeit, Sicherheit, Selbstver-
trauen
*Blockierung:* Kraftlosigkeit,
Lebensunlust, Verlorenheit

Das erste Chakra hat mit dem Willen, als Mensch und Individuum fort-
zubestehen, zu tun. Dieses Kraftzentrum verbindet uns über unsere Füße
mit der Erde, verleiht das Gefühl, verwurzelt zu sein, einen Platz auf dieser Welt zu besitzen und sich — wo immer man möchte — hinbewegen
zu können.
Ist das erste Chakra blockiert, entstehen Verlorenheit, Kraftlosigkeit und
im Extremfall Lebensunlust.
In besonderer Weise ist Muladhara mit dem Geruchssinn assoziiert. Daher spielt es auch eine so wichtige Rolle, ob wir einen Menschen »riechen« können oder nicht, denn der Geruch berührt unser Basis-Zentrum
und damit die Grundfeste unseres Selbst.

# Muladhara-Gerichte

Verleihen Wurzeln, erden, stärken
das Lebensgefühl ...

---

## *Marokkanischer Tomatensalat*

Eine Vorspeise, deren kräftiger Geruch
den Lebenswillen weckt

| |
|---|
| *1 kg feste Schnitttomaten, gewaschen und gewürfelt* |
| *1 Bund frischer Koriander, kleingehackt* |
| *1 kleine Zwiebel, kleingehackt* |
| *Salz und Pfeffer nach Geschmack* |
| *1 EL Olivenöl · 8 Scheiben Baguette* |

Alle Zutaten bis auf das Brot miteinander mischen und ½ Stunde
ziehen lassen. Das Baguette vor dem Servieren toasten und nach
Belieben mit etwas Olivenöl beträufeln.

# Johanna

*Johanna schätzt sich selbst als sehr »abgehoben« ein. »Ich fliege mit jeder Idee davon — sie kann noch so verrückt sein. Vor kurzem dachte ich nur noch daran, meine Wohnung aufzulösen, meinen Job zu kündigen und nach Indien auszuwandern. Dann denke ich Tag und Nacht an nichts anderes, es verfolgt mich, es treibt mich, es schmerzt mich ...« Wenn Johanna merkt, daß sie dabei ist, jeden Boden unter ihren Füßen zu verlieren, arbeitet sie an ihrem Basis-Chakra. Sie macht Übungen und Akupressur. In ihre Duftlampe kommen dann nur noch Essenzen, die das Element Erde verstärken, wie z. B. Salbei. Von ihr stammen auch diese drei Muladhara-Gerichte. Die Farbe Rot und die verschiedenen Geruchsnuancen spielen ihrer Meinung nach die wichtigste Rolle. Beim Kochen denkt sie an ihr Wurzel-Chakra, sie versucht immer wieder, sich in dieses hineinzuspüren. Beim Essen stellt sie sich vor, wie die Speisen und ihr Geruch direkt auf ihr erstes Chakra einwirken. Als Dekoration wählt sie immer eine rote, duftende Rose und schmückt die Speisen und den Teller — entsprechend dem ersten Chakra — jeweils mit vier Blütenblättern.*

# Russischer Borschtsch
# mit Rindfleisch

Ein Hauptgericht, das ein uriges Lebensgefühl
aufkommen läßt

(Auch sehr gut als Qi-Gericht geeignet)

| |
|---|
| *400 g Rindfleisch, in Scheiben geschnitten* |
| *200 g Karotten, in dünnen Scheiben* |
| *200 g Lauch, gewaschen und in Scheiben geschnitten* |
| *200 g Weißkohl, in Scheiben geschnitten* |
| *500 g Rote Bete, geschält und kleingewürfelt* |
| *1 EL Kümmel · Salz · Pfeffer* |
| *2 Knoblauchzehen, geschält und zerdrückt* |
| *2 Lorbeerblätter · 1 Tasse Rotwein · 1 Becher saure Sahne* |
| *2 EL Zitronensaft, frisch gepreßt* |

Das Rindfleisch in 1 l Wasser 1 Stunde kochen, bevor das Gemüse,
Kümmel, Salz, Pfeffer, Knoblauch und die Lorbeerblätter dazu-
gegeben werden. Bei kleiner Flamme ½ Stunde köcheln lassen.
5 Minuten vor dem Servieren den Rotwein und den Zitronensaft
angießen. Auf jeden Teller nach Belieben noch 1 EL saure Sahne
geben.

# Granatapfel-Sorbet

## Ein Dessert wie Muladharas süßer Kuß

---

*3 Granatäpfel · 2 EL Rosenwasser (Apotheke)*

*1 EL flüssiger Honig · 16 Rosenblätter*

---

Die Granatäpfel halbieren und wie Orangen auspressen. Den Saft mit Honig und Rosenwasser vermengen. Diese Mischung für 2 Stunden in das Tiefkühlfach stellen und etwa alle 15 Minuten umrühren. Mit Rosenblättern garnieren.

# Svadhisthana —
# das zweite Chakra

*Sanskritbezeichnung:*
Svadhisthana
*Symbol:* Sechsblättriger Lotos,
Mond
*Farbe:* Orange-Rot
*Weitere Namen:* Sakral-Zen-
trum, Kreuzbein-Zentrum,
Sexual-Chakra, Nabel-Chakra
*Lage:* Am Kreuzbein, etwa eine
Handbreit unterhalb des Nabels
*Sinnesfunktion:* Schmecken
*Bedeutung:* Sexualität, Schöp-
ferkraft
*Blockierung:* Zwanghaftigkeit,
Engstirnigkeit

Das zweite Chakra erzeugt schöpferische und sexuelle Impulse, wobei
das eine vom anderen abhängt. Wird nämlich die Sexualität beispielsweise durch sexualfeindliche Erziehung blockiert, versiegt nicht nur die
Quelle der Lust, sondern auch die Schöpferkraft. Ein kreativer Mensch
besitzt stets eine natürliche Einstellung zur Sexualität. Dagegen führt Lust-
feindlichkeit zu Zwanghaftigkeit und Engstirnigkeit. Allerdings ist auch
übertriebene Sexualität nicht unbedingt Ausdruck einer Svadhisthana-Stär-
ke, sondern eher die Folge einer Reaktion auf Sexualunterdrückung.
Des weiteren ist das zweite Chakra mit dem Geschmacksempfinden auf
der Zunge verbunden. Eine Ernährung, die das zweite Chakra anregt,
sollte daher neben der vorherrschenden Farbe Orange die unterschied-
lichsten Geschmacksrichtungen — süß, sauer, bitter, salzig — beinhalten.

# Svadhisthana-Gerichte*

Machen sinnlich, erotisch und schöpferisch ...

---

## *Jakobsmuschelsalat*

Eine Vorspeise, bei der bereits die Zutaten
beflügeln ...

(Auch sehr gut als Qi-Gericht geeignet)

| Für 2 Personen: |
| --- |
| *150 g Spargel · 200 g Jakobsmuscheln · 80 g Erbsen* |
| *1 feste Tomate, gewürfelt · 1 Orange · 1 kernlose Mandarine* |
| *2 EL Öl · 2 EL Zitronensaft · 1 Prise Salz* |
| *1 TL Honig · Zwiebelsalz nach Geschmack* |
| *1 Prise Rosenpaprika* |

Spargel schälen und für 3 Minuten in kochendes Salzwasser geben. Die Muscheln 7 Minuten in demselben Wasser garen, herausnehmen und in mundgerechte Stücke schneiden. Die Erbsen
in demselben Wasser 5 Minuten garen. Alles Gekochte erkalten
lassen und währenddessen die Orange und die Mandarine schälen; die Zwischenhäute entfernen. Eine Sauce aus Öl, Zitronensaft, Salz, Honig und dem Zwiebelsalz bereiten. Alle Zutaten vermischen und gut ziehen lassen. Vor dem Servieren je nach Geschmack etwas Rosenpaprika über den Salat streuen.

---

* Alle drei Svadhisthana-Rezepte sind für zwei Liebespartner gedacht.

# Scampi in Knoblauch
## auf Safranreis

Ein deftiges Liebesmahl als Hauptgericht

(Auch sehr gut als Qi-Gericht geeignet)

---

*1½ Tassen Basmatireis · 1 TL frischer Safran*

*1 TL Salz · 1 kg frische Scampi (Tiefseegarnelen)*

*2 Knoblauchzehen, kleingewürfelt · 1 Tasse Olivenöl*

*1 EL Zitronensaft, frisch gepreßt*

---

Den Reis in der doppelten Menge Salzwasser aufkochen und die Flamme klein stellen. Nach 15 Minuten den Safran dazugeben. Die Scampi 5 Minuten in 1 l kochendem Salzwasser garen. Das Öl erhitzen und den Knoblauch darin anbraten. Die Scampi aus der Schale lösen und kurz in dem Knoblauchöl braten. Den Reis auf 2 Teller verteilen, die Scampi obenauf legen und mit dem Zitronensaft beträufeln.

# Liebesfeigen

Eine Nachspeise, deren Name bereits alles verrät

---

Für 2 Personen:

*4 frische Feigen*

*50 g Sahnegorgonzola oder Mascarpone*

*2 Minzeblätter*

---

Die Feigen halbieren und die Mitte des Fruchtfleisches anritzen. Mit einem Teelöffel die sahnige Füllung hineingeben und etwas Zimt darüberstäuben. Mit Minzeblättern verzieren. Unbedingt mit den Fingern essen!

## Floriane und Uwe

*Floriane und Uwe genehmigen sich
manchmal einen Abend für die Liebe.
Dann kaufen sie gemeinsam die Nahrungsmittel ein und kochen anschließend auch
zusammen. Das Essen selbst nehmen sie
nackt im geheizten Zimmer zu sich. Damit
die verschiedenen Geschmacksnuancen
auch wirklich zur Geltung kommen,
schließen abwechselnd Uwe oder Floriane
die Augen und lassen sich die Bissen
in den Mund schieben. Nach dem Essen
verbringen sie die Nacht miteinander
und geben sich ihrer durch Farbe und
Geschmack angeregten Sinnlichkeit hin.*

# Manipura — das dritte Chakra

*Sanskritbezeichnung:* Manipura
*Symbol:* Zehnblättriger Lotos,
Dreieck
*Farbe:* Gelb
*Weitere Namen:* Sonnen-Cha-
kra, Hara, Solarplexus-Zentrum
*Lage:* Zwischen Unterrand des
Brustbeins und Nabel
*Sinnesfunktion:* Sehen
*Bedeutung:* Persönliche Macht,
Durchsetzung, Aggression,
starke Emotionen
*Blockierung:* Hemmung, Zwei-
fel, Zerstörungswut

Vom Manipura gehen unsere nach außen gerichteten Handlungen aus. Unsere Durchsetzungskraft ist dort lokalisiert und die Bereitschaft, bis an unsere Grenzen zu gehen, im Extremfall auch einmal darüber hinaus. Es ist ein Ort der Kraft und der Emotionen. Besonders Zorn, Ärger und Wut haben dort ihren Ursprung. Die Energie des dritten Chakras ist umwandelnd, transformierend. Sie steht sowohl für aufbauende Prozesse als auch für Zerstörung und Neubeginn. Oft wird das dritte Chakra mit dem Hara, dem menschlichen Kraftzentrum überhaupt, gleichgesetzt. Menschen, die in ihrem Manipura-Chakra blockiert sind, erleben Wut und alle nicht eindeutig positiven Gefühle als Bedrohung; sie sind aggressionsgehemmt, können nicht streiten und sich somit auch nicht durchsetzen. Damit geht aber auch ein Kräftemangel für aufbauende Prozesse einher: Wer nicht zerstören kann, kann auch nichts beginnen. Auch das andere Extrem entspringt einer Störung des dritten Chakras: Wer grundlos kämpft und zerstört, vergißt den Sinn seines Tuns.
Des weiteren regiert das dritte Chakra die Kraft unserer Augen. Licht, insbesondere natürliches Sonnenlicht, nährt das Manipura-Zentrum. Genauso kann man an der Leuchtkraft der Augen die Stärke des dritten Chakras erkennen: Funkelnde, glänzende Augen verraten Vitalität. Matte, glanzlose Augen lassen auf einen antriebsgehemmten und gemütsschwachen Menschen schließen.

Über Buddha wird folgende Geschichte erzählt:

*Einst ging er durch unwegsames Land, als ihm
ein gefürchteter Mörder den Weg versperrte.
Dieser hatte nichts anderes im Sinn, als sich aus
den abgehackten Fingern seiner erschlagenen
Opfer eine Halskette zu flechten. 99 Finger
hingen bereits an seiner grausigen Kette, und er
wartete nur auf den hundertsten, als er Buddha
sah. Dieser fürchtete sich keine Sekunde davor,
zu sterben. »Ich bin bereit«, sagte er, »denn
ich bin erfüllt. Aber bevor du mich tötest,
beantworte mir nur eine Frage: Ich sehe, daß
du Leben nehmen kannst. Aber kannst du auch
einen deiner neunundneunzig Finger wieder
zum Leben erwecken?«
Der Mörder war von Buddhas Verhalten und
seiner Frage so beeindruckt, daß er auf die
Knie fiel und fortan ein Schüler des großen
Meisters war.*

# Manipura-Gerichte

Verleihen Durchsetzungskraft, Risikobereitschaft und
nähren unsere starken Emotionen …

---

## *Kürbiscremesuppe*

Eine Suppe, die anregt, ohne aufzuregen

| |
|---|
| *1 kg Kürbis, ausgelöst und gewürfelt* |
| *200 g Crème fraîche · 1 Tasse Vollmilch · 1 TL Meersalz* |
| *1 Prise Muskatnuß · 1 Prise weißer Pfeffer* |
| *1½ Tassen Hühnerbrühe · 2 EL Butter* |
| *2 Scheiben Toastbrot, gewürfelt* |
| *100 g Käse (Emmentaler oder Gruyère), gerieben* |

Den Backofen auf 180 °C vorheizen. Crème fraîche, Milch und
Hühnerbrühe mit den Gewürzen mischen und mit den Kürbis-
würfeln in eine feuerfeste Form geben. Bei 180 °C etwa 1 Stunde
im Backofen garen. Die Brotwürfel in der Butter goldbraun braten, die Suppe pürieren und in Suppentassen verteilen. Die Brotwürfel und den Käse direkt vor dem Servieren darüberstreuen.

# *Polenta mit Sonnengemüse*

Dieses Hauptgericht läßt das Kraftzentrum
nach außen strahlen

| |
|---|
| *1 ½ l Wasser · 1 ½ TL Meersalz* |
| *300 g Polenta (Maisgrieß) · 30 g Butter* |
| *1 frische Ananas, geschält und ohne das harte* *Mittelstück in mundgerechte Stücke geschnitten* |
| *1 frischer Maiskolben, in 4 Stücke geteilt* |
| *1 Karotte, gewürfelt · 1 Banane, in Scheiben geschnitten* |
| *2 EL Rohrzucker · 2 TL Curcumapulver* |
| *2 Zwiebeln, fein gehackt · 2 Knoblauchzehen, fein gehackt* |
| *3 EL Kokosfett · 1 Zimtstange · 6 Gewürznelken* |
| *2 Sternanis, ganz · 50 g Ingwerwurzel, geschält und fein gehackt* |
| *1 TL Salz · 1 ½ EL Rohrzucker* |
| *2 Chilischoten, halbiert und entkernt* |

Das Salzwasser zum Kochen bringen und die Polenta in einem
dünnen Strahl hineinrühren, bis auch sie kocht und Blasen schlägt.
Dabei immer rühren. Auf niedriger Flamme unter oftmaligem
Umrühren ca. 45 Minuten weiterkochen. Danach die Butter unterrühren und vom Herd nehmen.
Den Mais und die Karotte 15 Minuten kochen. Die Ananas mit
Zucker und Curcuma in einem Topf mit Wasser bedecken und
10 Minuten kochen. Das Kokosfett in einer Pfanne erhitzen und
die Zwiebeln, den Knoblauch, den Anis, den Zimt und die Nelken 2 Minuten anbraten. Nun den Ingwer, das Salz und den Zuk-
ker mit 1 Tasse Wasser dazugeben und alles 5 Minuten kochen.
Die Chillies, den Mais, die Karotte, die Banane und die abgetropften Ananasstücke zufügen und alles 5 Minuten ziehen lassen.

# Zitronencreme

Ein süßes Dessert, das die Kraft konzentriert

(Auch sehr gut als Qi-Gericht geeignet)

---

*4 Eiweiß · 4 Eigelb · 4 EL Zucker*

---

*2 unbehandelte Zitronen (abgeriebene Schale von einer,
Saft von beiden Früchten)*

---

*1 Päckchen gemahlene Gelatine · 4 EL Schokostreusel*

---

Das Eigelb mit dem Zucker und der Zitronenschale schaumig
rühren. Den Saft beider Zitronen erhitzen, die vorher eingeweichte Gelatine darin auflösen und abkühlen lassen. Das Eiweiß
steif schlagen. Den Zitronensaft unter das Eigelb rühren. Den Ei-
schnee unter die Eigelbmischung ziehen und alles in Dessertglä-
ser füllen. Im Kühlschrank 3 Stunden fest werden lassen. Vor dem
Servieren mit den Schokostreuseln verzieren.

## Anahata —
## das vierte Chakra

*Sanskritbezeichnung:* Anahata
*Symbol:* Zwölfblättriger Lotos,
Hexagramm
*Farbe:* Hellgrün
*Weitere Namen:* Herz-Chakra,
Gefühlszentrum
*Lage:* Herzmitte, Brustbeinmitte
*Sinnesfunktion:* Tasten
*Bedeutung:* Gefühle, Liebe,
Ausdrucksfähigkeit
*Blockierung:* Härte, Gefühls-
kälte, Verhaltenheit

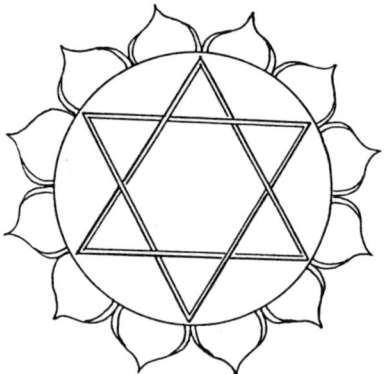

Anahata ist das Zentrum unserer Gefühle. Allerdings entstehen dort nicht jene heftigen Emotionen wie Wut oder Aggression, die eher aus dem Bauch-Chakra, also dem Manipura-Zentrum kommen, sondern Stimmungen wie Freude, Traurigkeit, Glück, Sehnsucht, Zuneigung, Ablehnung, Verstimmung, das Bedürfnis nach Nähe und Zärtlichkeit, unser Mitgefühl für andere und die Liebe. Auch in der Umgangssprache betrachtet man ja das Herz als Sitz der Gefühle. Verliebte »schenken sich ihr Herz«, man sagt »das Herz geht mir auf« und meint damit, daß man sich glücklich und aufgenommen fühlt. Aber es gibt auch das »harte« oder gar »versteinerte« Herz als Folge einer Blockierung des Anahata-Chakras. Auch die Ausdrucksfähigkeit eines Menschen kommt aus dem vierten Chakra. Können die Energien fließen, dann zeigt man mit dem ganzen Körper, mit seinen Augen und Händen, mit Mimik und Gestik, was man sagen möchte. Ein blockierter Mensch dagegen bewegt sich wie eine Maschine.
Darüber hinaus besteht ein Zusammenhang zwischen unserer Hautsensibilität und dem Anahata-Chakra. Was wiederum darin zum Ausdruck kommt, daß wir gerne berühren und streicheln, was wir lieben; dagegen fassen wir das, was uns nicht gefällt, nur mit Widerwillen an.

# Anahata-Gerichte

Nähren Gefühle, Stimmungen und Ahnungen ...

---

## *Melonen mit Minze*

Eine Vorspeise — einfach und natürlich
wie das Herz

---
*1 Honigmelone · 1 Cantaloupe-Melone*
---
*1 grüner Apfel · 1 EL Zitronensaft*
---
*½ Tasse frische Minze, kleingehackt*
---

Melonen halbieren und entkernen. Längsstreifen davon abschneiden, so daß jede Melone 8 bis 12 Stücke ergibt. Den Apfel raspeln
und mit dem Zitronensaft mischen. Die Melonenstücke auf einer
Platte arrangieren und mit der Minze bestreuen. Die Apfelraspeln
über die Minzmelonen verteilen und alles zugedeckt für 3 Stunden in den Kühlschrank stellen.

# *Artischocken in Avocadocreme*

Ein Hauptgericht, das das Anahata-Zentrum beruhigt

| |
|---|
| *8 Artischocken · 1 halbierte Zitrone* |
| *3 reife Avocados, halbiert, entsteint, ausgelöst* |
| *½ TL Oregano · 1 Knoblauchzehe, zerdrückt* |
| *Salz · Pfeffer · 3 EL saure Sahne* |

Den Stiel und die unteren harten Blätter der Artischocken abschneiden und die Schnittstellen sofort mit Zitronensaft beträufeln, so daß keine braunen Flecken entstehen. Die Artischocken etwa 45 Minuten garen (im Schnellkochtopf nur 10—12 Minuten). Sie sind gar, wenn sich die Blätter leicht abzupfen lassen.
Während der Kochzeit die Avocados pürieren. 2 EL Zitronensaft sowie die restlichen Zutaten beifügen. Die Creme ziehen lassen, bis die Artischocken gar sind.

*Man ißt sie folgendermaßen:*

Blatt für Blatt abzupfen und in die Sauce stippen, wobei die fleischigen Blatteile mit den Zähnen abgestreift werden. Das »Heu« im Inneren der Artischocken wird entfernt, der köstliche »Boden« als besondere Delikatesse zum Schluß verspeist.

# Kokospfannkuchen mit Kiwi

Dieses Dessert läßt Kinderherzen höher schlagen

---

*250 g Weizenvollkornmehl, fein gemahlen*

*1 Kokosnuß · 2 Eier · 4 EL Öl · Salz*

*2 große Kiwis, geschält und in geviertelten Scheiben*

---

Aus Mehl, Eiern, Salz und Kokosmilch einen Teig anrühren, der flüssig genug sein muß, um in der Pfanne zu zerlaufen. Eventuell noch etwas Milch zugeben. Ca. 20 Minuten stehenlassen, damit das Mehl quellen kann. Etwas Öl in der Pfanne erhitzen und mit einer Kelle Teig einfüllen. Unter einmaligem Wenden dünne Pfannkuchen braten. Die Kiwistücke in die Pfannkuchen rollen, dabei eine Seite vor dem Rollen einschlagen, so sind sie gut mit der Hand zu essen.

*So bereitet man frische Kokosmilch:*

Die Kokosnuß rundherum (auf einem gedachten »Äquator«) mit dem Hammer klopfen, bis sie aufspringt. Das Kokosfleisch mit einem kräftigen kurzen Messer aus der Schale lösen und die braune Außenhaut entfernen. Die Kokosstücke (nicht zu groß!) im Mixer zerkleinern und das Mus mit 400 ml heißem Wasser übergießen. 30 Minuten ziehen lassen, durch ein Sieb gießen und den Rest in einem Küchenhandtuch ausdrücken.

Wollen Sie Kokosmilch aus Kokosflocken herstellen, so nimmt man auf 1 Tasse Kokosflocken oder -raspeln 2 Tassen heißes Wasser und verfährt dann wie oben.

# Ein Ritual

*Anahata-Speisen bestehen meist aus Produkten, die man anfassen kann. Während Sie die Nahrung zubereiten, sollten Sie immer wieder innehalten und etwa Eier oder einen Apfel in Ihre Hand nehmen, die Augen schließen und die Berührung sehr bewußt spüren. Beim Verzehr sollten Sie wirklich nur mit den Fingern essen und dabei Ihre Hände nicht nur als Werkzeug, sondern als sensible Organe, die wahrnehmen und Kontakte aufnehmen können, betrachten.*

# Visuddha —
# das fünfte Chakra

*Sanskritbezeichnung:* Visuddha
*Symbol:* Sechzehnblättriger
Lotos, Kreis
*Farbe:* Hellblau
*Weitere Namen:* Kehlkopf-Zen-
trum, Sprach-Chakra
*Lage:* Kehlkopf
*Sinnesfunktion:* Sprechen,
Hören
*Bedeutung:* Kommunikation,
Verstehen, Sprechen, Emp-
fangen, Selbstentdeckung,
Abgrenzung
*Blockierung:* Schüchternheit,
Hemmung, Isolation

Durch die Sprache geben wir unseren Gedanken und Empfindungen
Raum. Sie ist ein Tor, durch das wir uns anderen mitteilen und offenba-
ren. Umgekehrt ist unser Gehörsinn die Türe, durch die uns Geräusche,
Töne, Stimmen und Melodien erreichen. Sprechen und Hören sind aufs
engste mit dem fünften Chakra verbunden. Können die Energien frei
durch das Visuddha fließen, steht uns die Welt offen; wir können mit ihr
in Kontakt treten, uns zugehörig fühlen.
Dagegen führen Blockierungen zu Gehemmtheit, Schüchternheit, dem
Gefühl, nicht richtig dazuzugehören, abgeschnitten, isoliert, unverstanden
zu sein.
Sich ausdrücken zu können und verstanden zu werden sind auch wichtige Voraussetzungen dafür, sich selbst zu entdecken, sich öffnen und ab-
grenzen zu können.

# Visuddha-Gerichte

Machen kontaktfreudig, nähren das
Zugehörigkeitsgefühl ...

---

## *Kastaniensuppe*

Eine Vorspeise, die Herz und Zunge öffnet

---

*500 g Edelkastanien (Maroni)*

*750 ml Gemüsebrühe (Instant) · 1 Prise Salz*

*weißer Pfeffer · ¼ TL Honig · 2 EL Butter*

*8 Basilikumblätter*

---

Den Backofen auf 250 °C vorheizen. Die Kastanien kreuzweise einschneiden und 20 Minuten im Ofen rösten. Die aufgeplatzten Kastanien schälen und in der Brühe 40 Minuten kochen. Einige Kastanien herausnehmen und in kleine Würfel schneiden. Den Rest pürieren, Salz, Pfeffer und Honig zufügen. Vor dem Servieren die Butter unterrühren, mit den Kastanienstückchen bestreuen und mit den Basilikumblättern garnieren.

# Baba Ganoush

Ein Gericht wie eine Geschichte aus
Tausendundeiner Nacht

| |
|---|
| *2 große Auberginen* |
| *¹⁄₂ Tasse Zitronensaft, frisch gepreßt* |
| *³⁄₄ Tasse Tahini (Sesammus)* |
| *2 Knoblauchzehen, zerdrückt · 1 TL Meersalz* |
| *2 EL Olivenöl · ¹⁄₂ Tasse feingehackte Petersilie* |
| *4 schnittfeste Tomaten, geachtelt · 1 Baguette* |

Den Backofen auf 200°C vorheizen. Die Auberginen mit einer
Gabel rundherum anstechen und mit Alufolie bedeckt 50 Minuten im Ofen backen. Die Auberginen müssen weich sein, bevor
sie mit einem Löffel aus der Schale gelöst werden. Das Auberg-
inenfleisch mit Zitronensaft, Tahini, Olivenöl, Salz und Petersilie
pürieren. Das Brot aufbacken und in Scheiben schneiden. Das
Baba Ganoush in einer Schale, garniert mit einem Kranz frischer
Tomatenstücke, servieren.
Eignet sich als Vorspeise ebensogut wie als Hauptgang.

# Rote Beeren
## mit Weinschaumsauce

Ein Dessert, das den Himmel ahnen läßt ...

| |
|---|
| *650 g gemischte Beeren (Erdbeeren, Brombeeren, Johannisbeeren, Himbeeren)* |
| *4 EL Cognac · 2 Eigelb · 2 EL Honig* |
| *¼ l trockener Weißwein · 3 Minzeblätter* |

Die Beeren waschen und vorsichtig in einem Tuch abtrocknen. Die Früchte erst jetzt entstielen. Große Früchte in kleinere Stücke schneiden. Die gemischten Beeren in vier Dessertschälchen verteilen und den Cognac darübergießen. Das Eigelb mit dem Honig und dem Wein in einem warmen Wasserbad schaumig schlagen. Diese Weinschaumcreme direkt vor dem Servieren über die Früchte ziehen.

# Günther

*Günther ist Programmierer. Täglich sitzt er
stundenlang vor dem Bildschirm und
kommuniziert über eine besondere Sprache
mit der Maschine. Mit echter Kommunikation
dagegen hat er Probleme. Er ist gehemmt
und bringt in einer Gruppe von Menschen
kaum einen Ton heraus. Um sein sechstes
Chakra anzuregen, spricht er zu Hause,
so oft es ihm möglich ist, laut mit sich selbst,
mit der Wohnung, den Gegenständen, seinen
Pflanzen. Von ihm stammt auch die Idee,
»laut« zu kochen. Das heißt, jeden Handgriff
bei der Vorbereitung durch lautes Sprechen
zu begleiten. Auch das Essen wird so zu
einer vergnüglichen Unterhaltung mit den
einzelnen Gerichten.*

# Ajna —
## das sechste Chakra

*Sanskritbezeichnung:* Ajna
*Symbol:* Zweiblättriger Lotos
*Farbe:* Indigo
*Weitere Namen:* Stirn-Chakra,
Drittes Auge
*Lage:* Leicht oberhalb der
Nasenwurzel, Stirn
*Sinnesfunktion:* Denken, Be-
wußtsein
*Bedeutung:* Geisteskraft, Phan-
tasie, Vorstellungskraft
*Blockierung:* Konzen-
trationsmangel, Ziellosigkeit,
Chaos

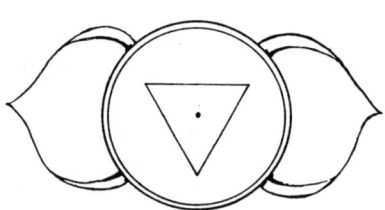

Dem sechsten Chakra sind alle Vorgänge geistigen Erkennens zugeord-
net. Ob wir ganz bewußt einen logischen Schluß vollziehen oder in tiefer
Trance inneren Bildern nachspüren, ob wir verschiedene Ansichten miteinander vergleichen oder unsere eigenen Gefühle analysieren, immer
ist gemäß der Chakra-Lehre Ajna, das sechste Kraftzentrum, daran beteiligt. Wir denken, entscheiden, kontrollieren, machen uns bewußt, be-
tonen …, wir phantasieren, träumen, assoziieren, stellen uns vor, gebrau-
chen unsere Intuition, unsere Ahnungen, haben Visionen …, an all diesen geistigen Prozessen ist das sechste Chakra beteiligt.
Blockierungen in diesem Chakra führen zu Konzentrationsmangel, Ziellosigkeit, Gleichgültigkeit und geistiger Stagnation. Ist dagegen das sechste Chakra mit lebendiger Energie erfüllt, entfaltet sich ein großer, freier
und schöpferischer Geist.

# Ajna-Gerichte

Erhöhen die Entscheidungskraft, fördern den Geist
und das Bewußtsein ...

---

## *Schwarze Bohnensuppe*

Diese üppige Vorspeise erdet —
für den Blick in den Himmel

(Auch sehr gut als Qi-Gericht geeignet)

| |
|---|
| *1 Tasse schwarze Bohnen, über Nacht eingeweicht* |
| *1 l Wasser · 1 Kombu Meeresalge · 1 TL Olivenöl* |
| *2 Zwiebeln, gewürfelt · 1 Knoblauchzehe, zerdrückt* |
| *1 kleine Karotte, gewürfelt · ½ gelbe Paprika, gewürfelt* |
| *1 TL Salbei, getrocknet · 1 Lorbeerblatt* |
| *1 Gemüsebrühwürfel · 1 TL Meersalz · 1 Prise Pfeffer* |

Das Öl in einer Pfanne erhitzen und die Zwiebeln darin anbraten. Karotten, Knoblauch und Paprika zufügen, mit Salbei und
Lorbeerblatt würzen. Die abgetropften Bohnen in der angegebenen
Menge Wasser zum Kochen bringen. Den Schaum dabei mehrmals abschöpfen, dann den Pfanneninhalt, Kombu (er mildert die
blähende Wirkung der Bohnen), Brühwürfel und Pfeffer dazugeben. Auf kleiner Flamme 3 Stunden kochen. Zum Schluß salzen
und den Kombu entfernen. ⅓ der Bohnen pürieren, das Bohnen-
mus wieder mit der Suppe verrühren. Wird in kleinen Schüsseln
heiß als Vorspeise serviert.

# Pellkartoffeln mit Walnuß-Oliven

Ein einfaches und edles Hauptgericht

| |
|---|
| *1 kg kleine Kartoffeln · 100 g grüne Erbsen* |
| *75 g Walnußkerne, grob gehackt · 1 Zwiebel, kleingehackt* |
| *1 TL Kokosfett · 200 ml Sahne* |
| *½ Tasse schwarze Oliven, entkernt und in Streifen geschnitten* |
| *1 Prise Pfeffer · Koriander · 1 TL Zitronensaft* |

In genügend Salzwasser Pellkartoffeln kochen. Die Erbsen 10 Minuten dämpfen und beiseite stellen. Das Fett erhitzen, Zwiebeln und Walnüsse darin 4—5 Minuten andünsten. Sahne und Oliven zufügen und bei niedriger Temperatur 10 Minuten köcheln lassen. Erbsen und Gewürze dazugeben. Diese köstliche Sauce zu den Pellkartoffeln servieren.

# Mangomus mit Zwetschgen

Ein süßer Weg in den Himmel

| |
|---|
| *3 große reife Mangos* |
| *4 Zwetschgen · 1 Prise Zimt* |

Die Mangos schälen und entkernen. Das Fruchtfleisch pürieren und in 4 Dessertschalen füllen. Die Zwetschgen der Länge nach durchschneiden, entkernen, mit etwas Zimt bestreuen und jeweils in die Mitte der Schälchen setzen.

## Sahasrara — das siebte Chakra

*Sanskritbezeichnung:* Sahasrara
*Symbol:* Tausendblättriger Lotos
*Farbe:* Lichtes Violett, Weiß
*Weitere Namen:* Kronen-Chakra, Scheitel-Zentrum
*Lage:* Etwas über dem Kopf
*Sinnesfunktion:* »Höheres Bewußtsein«
*Bedeutung:* Kosmisches Bewußtsein, Universal-Bewußtsein
*Blockierung:* Dumpfheit, Bewußtlosigkeit

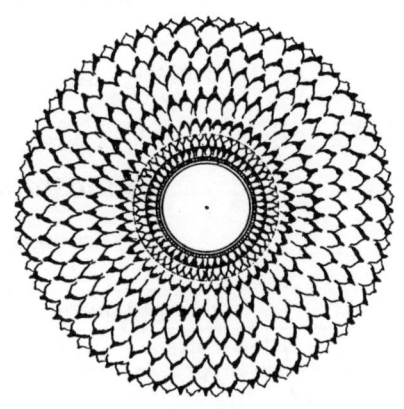

»Dach der Welt«, »Paradies«, »Erleuchtung«, »Nirwana«, »Samadhi«, »Satori« — das alles sind Umschreibungen des einen, einzigartigen und höchsten Glückszustandes, dessen ein Mensch teilhaftig werden kann. Die meisten Menschen erhalten ihr ganzes Leben über nur einen winzigen Fingerzeig von diesem Glücksgefühl, vielleicht, wenn sie sich verlieben und für einige Zeit »im siebten Himmel« schweben. Menschen, die nach einer langen Krankheit unerwartet gesund wurden oder denen ein besonders gütiges Schicksal zuteil wurde, berichten davon, daß sie kurze Zeit in einem anderen, höheren Glückszustand verweilten. Mütter erleben ihn manchmal während der Geburt ihres Kindes, auch Menschen, die sich besonderen Situationen aussetzen, wie etwa Klettern oder Bungeespringen, kennen diesen Zustand zumindest ansatzweise. Wer ihn jedoch festhalten oder für immer erlangen möchte, hat nach Ansicht der Weisen des Ostens immer nur den einen Weg zu diesem Glück: Meditation und ein Leben, das nach Wahrheit, Liebe und reinem Sein strebt.

# Sahasrara-Gerichte

Verfeinern und klären das Bewußtsein ...

---

## *Sahasraramilch*

»Krishnas Trank«

---

*2 Tassen Mandeln · 2 Tassen Blaubeeren*

*4 Tassen Wasser · 2–4 EL Ahornsirup nach Geschmack*

---

Die Mandeln über Nacht in Wasser einweichen, so daß sie gerade bedeckt sind. Anschließend für 1½ Minuten in kochendes Wasser legen. Die braune Haut entfernen, die Mandeln in einer Küchenmaschine zerkleinern und langsam 4 Tassen Wasser zufügen. Die Blaubeeren kurz in den Mixer geben und alles durch ein Sieb schütten. Den Ahornsirup in der bläulichen Mandelmilch verrühren.

## *Fruchtmandala*

Ein Gericht, das der Phantasie freien Lauf läßt ...

---

*Früchte der Saison (sonnengereift, unbehandelt)*

*Nüsse (am besten frisch geknackt)*

*2 Tassen frische Ananasstücke · 1 Banane*

---

Die Ananas und die Banane im Mixer pürieren, bis eine cremige Sauce entsteht. Diese in einem Schälchen als Mittelpunkt auf einen großen Teller stellen. Nun beliebige Nüsse und Obst in zerkleinerten Stücken strahlenförmig von innen nach außen legen, so daß ein Mandala entsteht. Obst, das schnell braun wird (z. B. Bananen, saure Äpfel, Avocados), mit Zitronen-, Orangen- oder Ananassaft bestreichen.

## Gemüsemandala

### Ein Geschenk der Natur

---

*1 reife Avocado · 1—2 EL Zitronensaft · Salz · Pfeffer*

*Gemüse der Saison, unbehandelt*

---

Die Avocado mit Wasser, Zitronensaft, Salz und Pfeffer zu einer cremigen Sauce pürieren. Die Gemüse kurz andämpfen — sie sollten alle noch Biß haben. Beachten Sie die unterschiedlichen Garzeiten: Karotten, Kohlrabi, Sellerie etwas länger als z. B. Broccoli. In der Mitte einer vorgewärmten Platte Platz für die Schale mit der Sauce lassen und die Gemüsestücke in Form eines Mandala von innen nach außen plazieren. Vor dem Servieren die Avocadocreme in die Mitte stellen. Genießen Sie den unverfälschten, klaren Geschmack der einzelnen Geschenke der Natur!

# *Säfte*

Frisch gepreßte Säfte sind vorzügliche Nahrungsmittel und können viel zu Ihrem körperlichen und geistigen Wohlbefinden beitragen. Sie sind besonders geeignet für Stunden oder Wochenenden der Besinnung und Meditation, da sie Energie geben, ohne den Körper zu belasten. Trotz ihrer Einfachheit sollte man folgendes beachten: Trinken Sie sie langsam, kauen Sie den Fruchtsaft! Bei Karottensaft immer ein paar Tropfen Öl dazumischen. Frische, sonnengereifte, unbehandelte Früchte verwenden. Trinken Sie Säfte niemals zu anderem Essen!

Weitere Gerichte für das siebte Chakra werden auch im folgenden Abschnitt über *Meditation* beschrieben.

# Gott in sich selber finden

*»Meditation kann keinen Zweck, keine Absicht haben,*
*denn Meditation ist ein Zustand von Nicht-Intellekt — einfach*
*da sein, wo man ist, ohne Zeit und Raum. Einfach sein ist*
*das Ziel.«*

Bhagwan S., R.: *Mein Weg, der Weg der weißen Wolke*

Das Wort *Meditation* entstammt dem Lateinischen und bedeutet »Nachsinnen«, »Besinnung« oder »besinnliche Betrach-
tung«. Einem Neuling der Meditation erscheint sie oft wie ein
Zustand halbwachen Bewußtseins, wie eine konzentrative
Übung oder eine Art stiller Selbstversenkung. Ein in Meditation geübter Mensch kommt dabei seiner eigenen Göttlichkeit
näher. Denn in der asiatischen Tradition, zum Beispiel im
Buddhismus oder Taoismus, befindet sich das Göttliche in der
eigenen Person. Über die Stufen »Satori« (Erfahrung) und
»Samadhi« (Sammlung) findet der Meditierende das Göttliche
in sich selbst.
In der christlichen Tradition dagegen bedeutet Meditation
einen tiefen Dialog mit Gott oder seinem Sohn Jesus Christus.
Meditation ist eine Verinnerlichung. Die äußere Wirklichkeit
wird oft als Schein (Maya) oder zumindest als unwichtig und
sekundär betrachtet. Worauf es ankommt, ist innerer Reichtum. Die Reichhaltigkeit oder Tiefe des inneren Erlebens wird
zum wichtigsten Ziel. Konsequenterweise beschränkt der
Meditierende sein äußeres Leben. Wer sich dem Christentum
völlig hingibt, lebt im Kloster, oft in einer einfachen Zelle.
Im Buddhismus gibt es Meditationsformen, die dem Schüler

nahelegen, auf Friedhöfen oder in der Nähe von Todkranken zu meditieren, so würde die Illusion des äußeren Scheins besonders deutlich. Im Taoismus wiederum beschränkt man sich auf das Wesentliche: Einfachheit, Stimmigkeit, Sinnhaftigkeit, Friedfertigkeit ... so lauten die wichtigsten Ziele.

## Essen ist Meditation

Die Verringerung des Außenraumes zugunsten größerer und reicherer Innerlichkeit betrifft auch die Ernährung: Zum klösterlichen Leben gehört ein einfaches Mahl. Genauso beschränkt sich der buddhistische Mönch auf einige Grundnahrungsmittel, insbesondere vermeidet er jede Art von tierischer Nahrung. Auch im Taoismus gibt es eine Beschränkung, allerdings ist sie eher formal: Essen darf man alles; es kommt viel eher auf die Art der Zubereitung und der Essensaufnahme an. Sicher wird ein Taoist vor einer Sitz-Meditation kein schweres Essen aus Fleisch plus haufenweise Kohlenhydraten zu sich nehmen, weil es ihn ermüden wird, aber er verurteilt grundsätzlich keinerlei Nahrungsmittel. Im Taoismus gibt es gar keine Trennung zwischen Essen und Meditation. Bereits die Auswahl der Nahrungsmittel und ihre Zubereitung *ist* Meditation, die ihren Höhepunkt in der Essensaufnahme findet. Der Taoist unterscheidet nicht zwischen wichtigen und unwichtigen Handlungen, zwischen heiligem und profanem Tun, für ihn ist alles ein Ausdruck einer besonderen religiösen oder mystischen Lebenspraxis.
Im folgenden werden Gerichte aufgeführt, die sich in Meditations- und Seminarzentren bewährt haben. Sie sind leicht verdaulich und unterstützen daher geistige Beweglichkeit und Konzentration. Sie sind auch einfach herzustellen: Während eines Meditationswochenendes soll ja nicht allzuviel Kraft auf das Kochen verwendet werden. Ganz im Sinne des Tao soll dafür großes Gewicht auf die *Art* der Zubereitung gelegt werden. Und auch die Präsentation ist sehr wichtig: Ein Taoist sieht in allem, also auch in seiner Nahrung, einen Ausdruck seiner göttlichen Schöpferkraft.

# Meditationsgerichte

---

## *Obstsalat*

Gibt dem Körper frische Energie, ohne zu belasten

---
*Früchte der Saison, nach Belieben*
---
*1 Banane · 1 Tasse Erdbeeren · 2 Datteln, entkernt*
---
*2 EL Kokosraspeln, frisch gerieben*
---

Die Früchte in kleine Stücke zerteilen und in eine Schüssel geben. Banane, Erdbeeren und Datteln im Mixer pürieren und mit dem Fruchtsalat verrühren.
Vor dem Servieren die Kokosraspeln darüberstreuen.

»Die Tibeter haben eine Meditation, bei der die Mönche ganz allein auf einem Berg sitzen und über weiße Wolken meditieren, die am Himmel vorüberziehen. Sie betrachten sie unverwandt und verschmelzen allmählich mit den weißen Wolken.
Da sitzen sie auf den Bergen wie weiße Wolken, ohne Gedanken, und sind einfach nur da. Kein Widerstand, kein Kampf, nichts zu erreichen, nichts zu verlieren. Nur das reine Sein genießend, die Stimmung feiernd, die Ekstase, die Seligkeit ...«

Bhagwan S., R.: *Mein Weg, der Weg der weißen Wolke*

# *Kraftreis*

Gibt der Blume der Meditation die nötige Erde

| |
|---|
| ½ *Tasse Rosinen · ½ Tasse Mandeln* |
| *2 Tassen Naturreis · 4 Tassen Wasser* |
| *1 Tasse Sonnenblumenkerne · 1 TL Zimt* |
| *½ TL Vanille-Extrakt · Salz · Pfeffer* |
| *Ahornsirup nach Geschmack* |
| *2 EL Zitronensaft, frisch gepreßt* |
| *1 Apfel (gerieben) oder 1 Banane (in kleinen Stücken)* |

Die Rosinen und die Mandeln über Nacht in Wasser einweichen. Den Reis kurz anrösten und dann mit dem Wasser aufgießen. Auf kleiner Flamme 40 Minuten kochen. Alle übrigen Zutaten dazugeben und weitere 5 Minuten ziehen lassen.

*»Wenn die Tiefe einmal angerührt wurde, wenn die Tiefe des Seins arbeitet, kann nur Gott noch die Erfüllung sein — niemand sonst.«*

Bhagwan S., R.: *Mein Weg, der Weg der weißen Wolke*

# Sprossensushis

Keim — Leben — Meditation

---

| |
|---|
| *Selbstgezogene Sprossen (Alfalfa, Radieschen, Mungobohnen, Sonnenblumen, Linsen)* |
| *1 Avocado, in Streifen geschnitten* |
| *Nori (Seetang), in 5 cm breite Streifen geschnitten* |
| *1 Schälchen Sojasauce* |

Nori auf einer heißen Herdplatte rösten, bis es leicht grünlich wird. Nun wickeln Sie Sprößlinge Ihrer Wahl mit den Avocadostreifen in das Nori und tunken die Röllchen vor dem Verspeisen in die Sojasauce.

*Selbstgezogene Sprossen*

Sprossen lassen sich leicht selber ziehen. Am besten funktioniert das in einem Keimgerät aus dem Reformhaus, in dem mehrere Sorten gleichzeitig gedeihen. Es geht aber auch in einem umgestülpten Einmachglas, das mit Gaze und Gummiband verschlossen zu einem Minitreibhaus wird. Das gut eingeweichte, frisch abgespülte »Saatgut« (nur solches aus Bioanbau verwenden) in das Glas geben, mit Gaze verschließen und umgedreht auf einen Teller stellen. Dabei ein Hölzchen oder ähnliches unterlegen, damit die Luft zirkulieren und nichts faulen kann. Jeden Tag mit frischem Wasser spülen. Nach einigen Tagen können Sie ernten und Ihre Kost mit diesen Vitamin- und Vitalstoffbomben anreichern.

# Tantra –
# leben, lieben, essen

Tantra faßt jahrtausendealtes Wissen über das Sein zusammen. Sein Ursprung liegt in Asien, insbesondere in der hinduistischen, aber auch der buddhistischen Religion. Das Wort selbst ist dem indischen Verb »tantori«, weben, abgeleitet. Tantra bedeutet daher Gewebe oder Wesentliches. Es ist ein religiöser Kult, der darauf beruht, Kräfte des Seins durch bestimmte Rituale und Übungen sinnlich zu erfahren. Diese Prozedur bereichert nicht nur das tägliche Leben, sondern vermag nach tantrischer Anschauung aus dem ewigen Zyklus der Seelenwanderung zu erlösen, Erleuchtung zu schenken. Das vollständige Tantra besteht aus Anweisungen über den Kult mit Gottheiten, Weihehandlungen, Meditationen, Verwendung von heiligen Silben (Mantras) und inneren Bildern (Yantras). Im Westen wurde beinahe ausschließlich der Kult um Eros und Sexualität bekannt. Diese Übungen und Praktiken gelten als uralter Schlüssel zu sexueller Freude und psychischer Kraft. In einer für den westlichen Menschen unvorstellbaren Einweihung werden dem Tantra-Schüler detaillierte Kenntnisse über menschliches Sexualverhalten und über die Steigerung sexueller Lust vermittelt. Was in der westlichen Kultur schnell als Pornographie verurteilt wird, gilt im Tantra als höchste Kunst und Religion.

Allen tantrischen Ritualen liegt eine Schöpfungsidee zugrunde. Mann und Frau, als Personifizierung der Urkräfte Yin und Yang, werden als eine einzige Einheit gesehen, so tief miteinander verbunden, daß kein Unterschied besteht. In den Augen des Tantra sind Mann und Frau *Eins*. Das Wissen um diese Ureinheit zu erlangen, ist oberstes Ziel des Tantra. In der Erfahrung der Ganzheit, in der vollständigen körperlich-seelisch-geistigen Vereinigung und Verschmelzung wird der Mensch seines Ursprungs teilhaftig: Er findet zu seiner Göttlichkeit, der All-Einheit, der Erleuchtung.

Tantriker waren und sind sinnliche Menschen. Letztendlich ist ihr Ziel nicht, ausschließlich mehr sexuelle Lust und Freude zu erfahren, sondern in *allem* göttliches Wirken zu erkennen. Ähnlich dem Taoisten schließt ein Tantriker nichts aus seinem Leben aus, solange es keines anderen Individualität verletzt. Köstliche, eventuell sogar aphrodisierende Mahlzeiten waren daher schon immer ein wichtiges tantrisches Begleitritual. Im folgenden werden Gerichte für drei Tantra-Nächte beschrieben. Zweischen den Rezepten finden sich Liebesgedichte aller Zeiten und tantrische Texte.

# Die erste Nacht:
## Erweckung – ommm, ahdi, ommm

In der ersten Nacht begegnen sich Frau und Mann und nehmen zusammen eine Mahlzeit ein. Sie können sich aufs Innigste mit der Kraft ihrer Augen und dem Geruchssinn erfahren. Berührungen jedoch sind ihnen noch nicht erlaubt. Es empfiehlt sich daher, den nackten Körper auf alle nur erdenkliche Art und Weise zu schmücken und zu verschönern, ihn aufreizend, verführerisch, duftend, sinnlich sein zu lassen, um dem tantrischen Partner schon in der ersten Nacht eine tiefe Erfahrung seiner Sinnlichkeit und Lust zu ermöglichen.

Die Grundideen des Tantra sind in der hinduistischen Schöpfungsgeschichte zu finden, wie sie in den tantrischen Schriften überliefert ist. Darin wird berichtet, daß es *»vor dem Universum, vor aller Zeit nur einen einzigen Punkt schöpferischer Kraft gegeben hat. Diese Kraft war weiblich, und aus ihr ging das gesamte Universum hervor. Die Göttin der Zeit stand in der Mitte des Universums, das sie hervorgebracht hatte. Ihre schöpferische Kraft war verbraucht, und es war in ihr ein Gefühl der Leere. Als sich ihre schöpferischen Kräfte erneuert hatten, beschloß sie, noch mehr zu erschaffen, denn allein darin lag all ihre Lust. So schuf sie die Erde, Land und Meere, Pflanzen und Tiere. Sie brachte alle Dinge zum Sein und ordnete sie in einem gleichgewichtigen Verhältnis zueinander, so daß sie sich fortpflanzten und verbreiteten.*

*Nachdem sie die Schöpfung vollendet hatte, empfand sie große Freude darüber, aber ihre Energie war noch immer nicht erschöpft.*

*So ersann sie die weibliche Form des Menschen und nahm sie selbst an. Und sie nannte sich selbst Kali und teilte sich in zwei, wodurch Mahakala, die männliche Form, entstand. Und sie lehrte Mahakala die tantrischen Freuden und die Erneuerung seiner eigenen schöpferischen Kräfte.*

*Gemeinsam brachten diese Gottheiten des Tantra die ersten Menschen hervor und gaben an sie die tantrischen Rituale weiter, auf daß auch sie des Glückes der vollkommenen Freude und der unbegrenzten Macht über das Universum teilhaftig würden.«*

A. Thirleby: *Das Tantra der Liebe*

# Gerichte für die erste Nacht

## Rot-grüner Paprikasalat

Feurig und vital — weckt die Begierde

| Für 2 Personen: |
| --- |
| *3 große rote Paprikaschoten · 3 große grüne Paprikaschoten* |
| *1 kleine rote Zwiebel, kleingehackt* |
| *1 Knoblauchzehe, kleingehackt · 2 EL Balsamico-Essig* |
| *2 EL Olivenöl · Salz und Pfeffer* |

Den Backofen auf 200 °C vorheizen und die Paprikaschoten ½ Stunde backen. Wenn sie sich braun verfärben, herausnehmen, die Haut abziehen, Kerne und Stiel entfernen und in daumenbreite Streifen schneiden. Aus den restlichen Zutaten eine Sauce bereiten, über die Paprikastreifen gießen und 1 Stunde ziehen lassen.

### Liebesgedicht

*Wie kommt es, daß dein Haar so märchenschön*
*In Locken prangt? Wie kommt es, daß der Schlaf*
*So hold dich küßt? Du trägst kein Rosenblatt*
*An dir, — wie aber kommt es, daß ein Duft*
*Nach Rosen von dir ausgeht, wunderbar?*

(Hafis)

# Huhn in Kokos mit grünen Bohnen

Exotisches Liebesgericht

| Für 2 Personen: |
| --- |
| 250 g Hühnerbrust, ausgelöst und gewürfelt |
| ¼ l dicke Kokosmilch (siehe Seite 79) |
| 1 Stengel Zitronengras (Sereh) |
| 1 TL abgeriebene Zitronenschale · 200 g grüne Bohnen |
| 2 TL thailändische Currypaste · ½ Gemüsebrühwürfel |
| 1 EL Zitronensaft |
| 1 grüne Chilischote, in Streifen geschnitten |
| ½ Bund Basilikumblätter |

Die Kokosmilch erhitzen und das Hühnerfleisch dazugeben. Leicht köcheln lassen und das kleingeschnittene Zitronengras, die Zitronenschale und die Bohnen zufügen. Nach 20 Minuten mit Currypaste, Gemüsebrühe, Salz und Zitronensaft würzen. Kurz vor dem Servieren Basilikum und Chilischote hinzufügen und abschmecken.

# Liebesgedicht

*Siehe, meine Freundin, du bist schön; schön bist du,*
*deine Augen sind wie Taubenaugen.*
*Siehe, mein Freund, du bist schön und lieblich.*
*Unser Bett grünt, unsrer Häuser Balken sind Zedern,*
*unser Getäfel Zypressen.*

*Wie eine Rose unter den Dornen, so ist meine Freundin*
*unter den Töchtern.*
*Wie ein Apfelbaum unter den wilden Bäumen, so ist mein Freund*
*unter den Söhnen.*
*Ich sitze unter dem Schatten, des ich begehre,*
*und seine Frucht ist meiner Kehle süß.*

> (Aus dem Hohenlied Salomos,
> Kap. 1, 15—17 und Kap. 2, 2—3)

# Himbeertraum

Macht einander zugetan ...

| Für 2 Personen: |
| :---: |
| *200 g Himbeeren · 2 Eigelb · 2 Eiweiß* |
| *40 g Honig · 1 TL Speisestärke · Salz* |
| *60 ml Sahne* |

Die Himbeeren pürieren und durch ein Sieb streichen. Das schaumig geschlagene Eigelb und den Honig dazugeben. Noch einmal kräftig vermischen, dann dem Himbeerpüree die Stärke hinzufügen. Unter ständigem Rühren — am besten im Wasserbad — erhitzen, bis die Mischung eindickt. Das Eiweiß mit einer Prise Salz steif schlagen und unter die Himbeercreme heben. Alles unter gelegentlichem Umrühren erkalten lassen und vor dem Servieren die ebenfalls steif geschlagene Sahne vorsichtig unter die Creme ziehen.

# Die zweite Nacht:
# Kontrolle – pahhh, dahhh o-mahmmm

In der zweiten Nacht beginnt der Tantra-Schüler die Kontrolle über seine Sexualität zu entwickeln. Durch Übungen und Rituale erfährt er eine fast unbezwingbare Lust und Leidenschaft. Dennoch darf er es nie so weit kommen lassen, sich in einem Orgasmus zu entladen. Alles ist darauf angelegt, die sexuelle Kraft bis zum äußersten zu steigern – und dann zu kontrollieren. Die Übungen verlangen große Offenheit beider Partner; jeder muß die Zeichen eines nahenden Orgasmus bei sich und beim anderen erkennen, um dann sofort jegliche weitere sinnliche Stimulation zu unterlassen.

# Gerichte für die zweite Nacht

---

## *Garnelenschwänze in Kokossahne*

Machen von innen heraus heiß

| Für 2 Personen: |
| :---: |
| *200 g Garnelen · 2 TL Öl · ¼ l Wasser* |
| *½ l dicke Kokosmilch (siehe S. 79)* |
| *1 Stengel Zitronengras, in feine Scheiben geschnitten* |
| *8 dünne Scheiben Ingwer · ½ TL Currypaste* |
| *2 rote Chillies, kleingeschnitten* |
| *1½ EL Fischsauce, z. B. Nam pla oder auch Nuoc mam* |
| *2 EL Zitronensaft · Salz · Pfeffer · 1 Frühlingszwiebel* |
| *½ Bund frischer Koriander* |

Die Garnelen schälen, entdärmen und im heißen Öl anrösten. Mit dem Wasser auffüllen und 20 Minuten kochen. Die Hälfte der Kokosmilch erhitzen, den Ingwer, die Currypaste und die Chillies dazugeben, mit Fischsauce, Zitronensaft, Salz und Pfeffer würzen. 10 Minuten köcheln lassen, dann die Garnelen und den Rest der Kokosmilch dazugeben. Nochmals erhitzen, aber nicht mehr kochen lassen und mit den Zwiebeln und den Korianderblättern bestreuen.

# Liebesgedicht

*Ich liebe dich, weil ich dich lieben muß;*
*Ich liebe dich, weil ich nicht anders kann;*
*Ich liebe dich nach einem Himmelsschluß;*
*Ich liebe dich durch einen Zauberbann.*

*Dich lieb' ich, wie die Rose ihren Strauch;*
*Dich lieb' ich, wie die Sonne ihren Schein;*
*Dich lieb' ich, weil du bist mein Lebenshauch;*
*Dich lieb' ich, weil dich lieben ist mein Sein.*

(Friedrich Rückert, *Liebesfrühling, Vierter Strauß.*
*Wiedergewonnen. 10.*)

# Muschelgericht

## Liebesmuscheln

| Für 2 Personen: |
| --- |
| *1 kg Miesmuscheln, gründlich gewaschen* |
| *⅓ l Wasser · 3 Schalotten, gehackt* |
| *2 Stengel Zitronengras (Sereh) in dünne Scheiben geschnitten* |
| *1½ EL thailändische Fischsauce* <br> *(z. B. Nam pla oder auch Nuoc mam)* |
| *Salz · Pfeffer · ¼ l Weißwein* |
| *4 Blätter Zitronenmelisse, in Stücke gezupft* |

Schalotten, Fischsauce und Zitronengras in dem Wasser 5 Minuten köcheln lassen. In diesen Sud die Muscheln geben und weitere 5 Minuten kochen. Salz, Pfeffer, Weißwein und die Zitronenmelisseblätter hinzufügen und ein paar Minuten ziehen lassen. Die Muscheln abgießen, den Sud auffangen und in einem kleinen Trinkgefäß zu den Muscheln servieren. Ungeöffnete Muscheln wegwerfen!

# Liebesgedicht

Küß mich noch einmal, küß mich wieder, küsse
mich ohne Ende. Diesen will ich schmecken,
in dem will ich an deiner Glut erschrecken,
und vier für einen will ich, Überflüsse

will ich dir wiedergeben. Warte, zehn
noch glühendere, bist du nun zufrieden?
O daß wir also, kaum mehr unterschieden,
glückströmend in einander übergehn.

In jedem wird das Leben doppelt sein.
Im Freunde und in sich ist einem jeden
jetzt Raum bereitet. Laß mich Unsinn reden:

Ich halt mich ja so mühsam in mir ein
und lebe nur und komme nur zu Freude,
wenn ich, aus mir ausbrechend, mich vergeude.

(Louize Labé, *Das achtzehnte Sonett*)

# Bratbananen

Süß und sinnlich

|  |
| --- |
| Für 2 Personen: |
| *3 EL Butter · 2 große Bananen · 2 EL Honig* |
| *1 EL Cashewnüsse, kleingehackt* |

Die Butter in einer kleinen Pfanne erhitzen und darin die Bananen goldbraun braten. Auf Serviertellern anrichten, den Honig darüberträufeln und mit den Cashewnüssen bestreuen.

# Die dritte Nacht:
## Kanalisierung – ahh, nahh, yahh, taunnn

In der dritten Nacht sollen die Tantra-Schüler lernen, ihre in den beiden vorherigen Nächten entwickelte sexuelle Energie zu kanalisieren, so daß sie ihnen auch in ihrem Alltagsleben zur Verfügung steht. Wieder reizen und stimulieren sich die Schüler bis zum äußersten, wenden dann die am Tag zuvor gelernte Kontrolle an, um alle Energie gedanklich durch ihren ganzen Körper strömen zu lassen. Haben sich die Schüler beruhigt, beginnt die Übung von neuem, wobei allmählich versucht wird, auch den Partner und Szenen aus dem individuellen Leben in den Fluß der sexuellen Energie mit einzubeziehen. Ein Tantriker ist so in der Lage, sogar Probleme des Alltags – in seiner Vorstellung – mit sexueller Energie zu laden und sie so tatsächlich leichter zu lösen. In der dritten Phase tantrischer Rituale kann es dann schließlich auch zum beidseitigen Orgasmus kommen: eine Verschmelzung, die zwei liebende Menschen einer ekstatischen Erfahrung neuer Einheit und Ganzheit teilhaftig werden läßt.

»Das Tantra erzählt auch die Geschichte von jener tantrischen Meisterin, die ihre Sensibilität und Lust steigerte, aber keinen Schlüssel fand, um diese große Energie in andere Seinsbereiche zu lenken. Die Suche danach brachte ihr große Unzufriedenheit. Sie wurde unruhig und traurig — selbst inmitten der sinnlichen Freuden, die sie erfuhr.

Dann, eines Nachts, als sie ihren Geliebten in den Armen hielt und ihre Lust von ihm empfing, erbebten ihr Geist, ihre Gefühle und ihr Körper unter der Vision: Sie war von der Zweiheit von Kali und Mahakala umhüllt. Sie ließen ihren Körper zu solchen Höhen der Ekstase erglühen, daß die Tantra-Meisterin in einen traumartigen Zustand verfiel, wo sie an der Grenze zum Orgasmus festgehalten wurde, der nicht stattfand, weil Kali wiederholt das Yantra der Kontrolle in ihrem Geist gestaltete, während Mahakala das Mantra der Kontrolle in ihr Ohr flüsterte.

Im straff gespannten Netz von höchster Lust und Kontrolle hängend, hörte sie plötzlich ein neues Mantra von Mahakala, während Kali auf die Schwärze ihres Geistes ein Bild von all jenen Dingen des täglichen Lebens zeichnete, die eine Frau sich wünschte. Plötzlich waren Kali und Mahakala verschwunden; aber sie hatten dieser tantrischen Meisterin das große Geheimnis des Tantra geschenkt: kontrollierte Kanalisierung.«

A. Thirleby: *Das Tantra der Liebe*

# Gerichte für die dritte Nacht

---

## *Zitronensuppe*

Kräftigend und konzentrierend

| Für 2 Personen: |
| :---: |
| *2 EL Olivenöl* |
| *4 Knoblauchzehen, kleingehackt* |
| *30 g Naturreis · ¾ l Gemüsebrühe (Instant)* |
| *1 Nelke · Pfeffer* |
| *1 TL Zitronenschale, frisch gerieben* |
| *15 Minzeblätter, fein gehackt* |
| *3 Eigelb · 1 EL Zitronensaft · Salz* |

Den Knoblauch kurz im erhitzten Öl anbraten, den Reis dazugeben und 2—3 Minuten unter Rühren mitbraten. Die Gemüsebrühe angießen und mit Pfeffer und der Nelke 50 Minuten leicht köcheln lassen. Während der letzten 4 Minuten die Zitronenschale und die Minze mitkochen. Die Suppe vom Feuer nehmen. In der Suppenschüssel das Eigelb schaumig schlagen und unter Rühren den Zitronensaft hinzufügen. Die heiße Suppe unter ständigem Schlagen mit dem Schneebesen (damit das Eigelb nicht gerinnt) dazugießen und mit Salz abschmecken.

## Liebesgedicht

*Spiegel in Händen, Blüte im Haar,*
*Schmelz meiner Augen, Rot meiner Lippen,*
*Salböl der Brust, Goldkette des Halses,*
*Hülle des Körpers und Seele des Hauses,*

*Flügel des Vogels und Wasser des Fisches,*
*Leben des Lebens — das bist du mir alles —,*
*Madhav, doch sag mir, was bist du in Wahrheit?*
*So sagt Vidyapati: Jeder ist beide.*

(Vidyapati Thakur)

# Austernpilze mit grünem Spargel

## Venus und Mars

| Für 2 Personen: |
|---|
| ½ kleine Zwiebel, kleingehackt |
| 1 EL Butter · 500 g Austernpilze · Salz · Pfeffer |
| 2 EL Weißwein · 60 ml Sahne |
| 500 g mehlige Kartoffeln · 60 ml Milch |
| 1 EL Butter · 1 EL Petersilie, fein gehackt |
| 1 EL Kerbel, fein gehackt |
| 1 EL Schnittlauch, fein gehackt · 1 Prise Muskat |
| 500 g grüner Spargel · Salz |

In der Butter zunächst die Zwiebel glasig dünsten, dann die Austernpilze dazugeben. Kurz anbraten, salzen und zugedeckt 20 Minuten weich werden lassen. Die Brühe abgießen und auffangen, die Pilze warm halten. Nun den Weißwein und die Sahne unter die Brühe rühren und bei starker Hitze einkochen. Mit Salz und Pfeffer abschmecken und über die Pilze gießen.

Die Kartoffeln in der Schale kochen, geschält im Mixer mit der heißen Milch und der Butter pürieren. Die Kräuter daruntermischen, mit Salz und Muskat abschmecken. Den Spargel in reichlich Salzwasser 15–20 Minuten kochen, das Wasser abgießen und heiß servieren.

# Mangocreme

Ein göttliches Nachspiel

---

Für 2 Personen:

---

*2 große Mangos · 100 ml Sahne · 1 EL Honig*

---

Die Mangos schälen, das Fruchtfleisch mit der Sahne und dem Honig im Mixer pürieren. In Schalen füllen und gekühlt servieren.

**Liebesgedicht**

*Ich lege meinen Kopf in deines Türstaubs Grund,*
*Gefesselt liegt mein Herz in deiner Locke Rund.*
*Zur Lippe kam die Seele — reich deine Lippe mir,*
*Daß ich dir legen kann die Seele in den Mund!*

(Dschelaladdin Rumi)

# Essen im Kreislauf
# der Natur

Als ein Teil der Natur ist der Mensch eingebunden in den Kreislauf der Jahreszeiten. Seine Vorfahren vor vielleicht Tausenden von Jahren waren dieser Bewegung vom Frühling über Sommer und Herbst bis hinein in den Winter natürlich weit stärker ausgesetzt. Aber auch der moderne Großstädter spürt diesen Drang: Im Frühjahr treibt es ihn hinaus in die Natur, er empfindet das Verlangen, sein Haus und seinen Garten zu verschönern — so wie es die Menschen seit Jahrtausenden tun. Im Sommer packt ihn die Lust, sich zu entspannen. Dafür überfällt ihn im Herbst regelrechte Arbeitswut, so als müßte er — wie alle seine Urahnen der nördlichen Erdhalbkugel — jetzt Vorräte für den Winter einbringen. Im Winter selbst wiederum wird der Mensch häuslich — und auch darin gleicht er jenen Menschen, die diese Zeit einst in Höhlen, später in mit Fellen geschützten Zelten verbrachten.
In Festen und Bräuchen findet der Lauf der Zeit seinen spezifischen Ausdruck.
Das Weihnachtsfest zum Beispiel war lange vor seiner Christianisierung ein Fest des immergrünen und somit unvergänglichen Baumes. Ganz sicher entsprang dieses Fest dem Bedürfnis des Menschen, gerade in dieser härtesten Zeit des Jahres ein Zeichen dafür zu setzen, daß der Winter nicht das Ende ist.
Genauso war das Osterfest — ursprünglich der Fruchtbarkeitsgöttin Ostara geweiht — der aufbrechenden Natur gewidmet.

Herbstbeginn ist die Tagundnachtgleiche am 23. September. Diese »Halbzeit des Jahres« findet ihren Niederschlag in zahlreichen Bräuchen und Festen. So legten die Germanen ihre Volks/Gerichtsversammlung, das »Ding« (Thing), in diese Periode. In Griechenland wurden die »Thesmophorien«, ein Frauenfest zu Ehren der Demeter, begangen. Die Juden wiederum feiern im Oktober Neujahr und daran anschließend zehn Tage der inneren Rechtsprechung.

Es ist eindeutig, daß die verschiedensten Kulturen durch ähnliche Bräuche und Feste dem Geist der (Jahres-)Zeit huldigten und durch Feierlichkeiten und Opfergaben Einfluß zu nehmen hofften. Dabei spielten immer auch ganz bestimmte Essenskulte und Nahrungsrituale eine wichtige Rolle. Die gefärbten Eier zu Ostern galten ursprünglich (und sind es auf dem Lande gelegentlich heute noch) als Potenzmittel und Fruchtbarkeitszauber. Genauso glaubte man, daß eine Schlachtung im Herbst magische Kräfte freisetzt, und aß daher mehr frisches Fleisch als sonst. Und tatsächlich bereitete man damit auch den Körper für die harte Winterzeit vor. Die Weihnachtsgans war ursprünglich eine Opfergabe an Wodan, den mächtigen Gott der Germanen. Wohl niemand denkt heute daran, daß er, wenn er etwas verschenkt, einem Rest uralten Wodanskult huldigt, nämlich seine Lieben durch Geschenke gütig zu stimmen.

Gegen Ende des Winters wiederum war Fasten angesagt. Einerseits waren die Nahrungsvorräte ohnehin erschöpft, andererseits diente die Enthaltsamkeit dazu, den Körper zu entschlacken; er hatte schließlich nur konservierte Nahrungsmittel bekommen: Eingemachtes, Gepökeltes, Geräuchertes, Getrocknetes. Und die ersten frischen Kräuter mancher Fastenspeisen fungierten sozusagen als Vitaminspritze.

Zwölf Monate hat das Jahr. Es gibt ebenso viele Sternzeichen, obwohl ihre Einteilung überhaupt nicht mit den Monaten korreliert. Die Sternzeichen beginnen nämlich nicht am 1. eines Monats, sondern jeweils um den 20. Die Zahl 12 begegnet uns wieder im Dutzend, in der Anzahl der Stämme Israels und der Apostel. Im Mittelalter wurde der 12 mythisch-religiöser Wert verliehen, und sie wurde zur Zahl Christi bestimmt. Wie die 7 war auch die 12 heilig; die 7 ergab sich aus der Summe von 3 (Dreieinigkeit) und 4 (Evangelisten), und die 12 war das Produkt aus ebendiesen Zahlen (3 x 4).

## Die Zeit essen

Moderne Menschen wähnen sich weitgehend unabhängig von der sie umgebenden Natur. Selbst im tiefsten Winter lassen sie sich Erdbeeren aus dem Treibhaus oder von einer karibischen Insel besorgen. Der Mensch der Vergangenheit empfand sich notwendigerweise als Teil der Natur, von ihr bestimmt und getragen. Seine Nahrungsmittel entstammten der Erde, auf der er selber stand. Sein Verhältnis zur Zeit wurde auch dadurch geprägt, daß er ihre Qualität in Form der zur Verfügung stehenden Nahrungsmittel schmecken, riechen, kauen und schlucken konnte. Er verinnerlichte sie somit und brachte sie sich nahe. In der asiatischen Medizin und Ernährungslehre spielen Ort und Zeitpunkt der Ernte sowie die Zubereitung von Nahrungsmitteln schon immer eine entscheidende Rolle. Und im Westen machen heute immer mehr ganzheitlich denkende Ärzte und Ernährungswissenschaftler darauf aufmerksam, wie wichtig der Verzehr zeit- und ortsgebundener Nahrungsmittel für eine natürliche und gesunde Entwicklung ist.

In den nun folgenden 36 Rezepten spielt die Jahreszeit eine wichtige Rolle. Soweit es sinnvoll und möglich ist, werden in den Menüs nur Produkte des jeweiligen Monats verwendet. Allerdings beinhalten sie einige Nahrungsmittel, wie zum Beispiel Artischocken oder Orangen, die nicht unmittelbar im deutschsprachigen Raum gedeihen. Das Erntegebiet der Speisen bezieht sich auf Mitteleuropa, zum einen, weil Italien oder Griechenland unsere Nachbarländer sind. Zum anderen, weil viele der nachfolgenden Gerichte der Speisekarte eines Ferienzentrums auf Korfu (Griechenland) entnommen sind. Dort hatte ihr »Erfinder«, Jürgen Vogel, nämlich vor Jahren ein esoterisches Seminarhaus eröffnet. Sein Anliegen war es, mit Hilfe zeitgemäßer Nahrungsmittel den Bezug zur Natur zu verstärken. Jürgen Vogel kocht heute in Genf nach den gleichen Überlegungen.

Um den Charakter der Jahreszeit einzufangen, ist zu jedem Monat ein entsprechendes Gedicht aufgeführt. Ihre Poesie möge den Leser dazu inspirieren, auch aus seinen Gerichten ein kleines Kunstwerk entstehen zu lassen.

# Januar
## Kälte, Konzentration, Kargheit

*Nicht ein Flügelschlag ging durch die Welt,*
*Still und blendend lag der weiße Schnee.*
*Nicht ein Wölklein hing am Sternenzelt,*
*Keine Welle schlug im starren See.*

*Aus der Tiefe stieg der Seebaum auf,*
*Bis sein Wipfel in dem Eis gefror;*
*An den Ästen klomm die Nix' herauf,*
*Schaute durch das grüne Eis empor.*

*Auf dem dünnen Glase stand ich da,*
*Das die schwarze Tiefe von mir schied;*
*Dicht ich unter meinen Füßen sah*
*Ihre weiße Schönheit Glied um Glied.*

*Mit ersticktem Jammer tastet' sie*
*An der harten Decke her und hin,*
*Ich vergess' das dunkle Antlitz nie,*
*Immer, immer liegt es mir im Sinn!*

(Gottfried Keller, *Winternacht*)

# Gerichte im Januar

---

## *Rohkostsalat Mansoor*

| Für 2 Personen: |
| --- |
| *100 g rote Rüben, geputzt* |
| *100 g Rettich, geputzt* |
| *100 g Karotten, geputzt* |
| *4 große Salatblätter, gewaschen und getrocknet* |
| *1 Zitrone* |

Das gut gebürstete Gemüse separat fein raspeln, nach Farben auf den Salatblättern anordnen und mit dem Saft einer großen Zitrone reichen.

# Sauerkraut-Rahmstrudel

| FÜR DEN TEIG: |
|---|
| 250 g Weizenvollkornmehl |
| 2 Msp Vollmeersalz · 1 TL Obstessig · 50 g Butter |
| ⅛ l lauwarmes Wasser |
| FÜR DIE FÜLLUNG: |
| 125 g Crème fraîche · 600 g Sauerkraut |
| 350 g Äpfel · 1 große Zwiebel · 75 g Walnußkerne |
| 200 ml Sahne zum Übergießen |

Frisch gemahlenes Weizenvollkornmehl mit Salz, Obstessig, kleingeschnittener Butter und lauwarmem Wasser verrühren und zu einem geschmeidigen Teig kneten. Den Teig öfter auf den Tisch schlagen, damit er elastisch und glänzend wird. In einer angewärmten Schüssel bedeckt ca. 30 Minuten ruhen lassen.

Das Sauerkraut im Sieb abtropfen lassen und grob schneiden. Gewaschene Äpfel ohne Kernhaus raspeln, gepellte Zwiebel fein schneiden und Walnußkerne in kleine Stücke brechen. Alles in einer großen Schüssel mischen. Teig in zwei Hälften teilen und jede in Backformlänge rechteckig ausrollen. Mit Hilfe eines Nudelholzes den Teig auf ein Geschirrtuch heben. Jedes Teigstück mit der halben Menge Crème fraîche bestreichen und mit der Hälfte der Füllung belegen. Das Tuch anheben und den Teig locker zu einem Strudel rollen. Mit Hilfe des Tuches beide Teigrollen in eine gefettete Form gleiten lassen. Sahne mit Sauerkrautsaft verrühren und über die Teigrollen gießen. Bei 200 °C auf mittlerer Schiene 60 Minuten backen. Dazu Erbsenpüree reichen.

# Erbsenpüree

*150 g Trockenerbsen · 1 Zwiebel*

*2 dl Gemüsebrühe (Instant)*

*Salz · Zitronensaft · Öl*

Trockenerbsen waschen und in 1 l Wasser 4–6 Stunden einweichen. Eine geschälte Zwiebel würfelig schneiden, zu den Erbsen geben und diese im Einweichwasser 45–60 Minuten kochen. Einen ausreichend großen Topf wählen, weil Erbsen leicht überkochen!

Wenn die Erbsen weich sind, Gemüsebrühe und Salz dazugeben und mit einem Stabmixer fein pürieren oder durch ein Sieb passieren. Ein wenig Zitronensaft mit Öl cremig rühren, die Hälfte davon unter das Püree ziehen. Nach Geschmack mit der restlichen Zitronenölsauce anreichern und abschmecken.

# Bratäpfel mit Mandelfüllung

| |
| --- |
| 8 Äpfel · 250 g frische Mandeln |
| 8 getrocknete Aprikosen (ungeschwefelt) |
| 8 Datteln · 50 g Orangenschale (unbehandelt) |
| 150 g Aprikosenkonfitüre · 80 g Butter |

Die geschälten Mandeln, die getrockneten Aprikosen, die Datteln und die Orangenschale fein hacken und das Ganze mit 2 guten EL Aprikosenkonfitüre vermischen. Den Ofen auf 210 °C vorheizen. Äpfel waschen, abtrocknen und mit einem Ausstecher das Kerngehäuse entfernen, ohne die Schale zu verletzen. Die gehackte Mandelfrüchtemischung in die Äpfel füllen und auf jeden Apfel noch einen halben Teelöffel Butter geben. Die Äpfel schön arrangiert in eine Gratinform setzen und im Ofen bei 210 °C 25 Minuten backen. Sofort servieren.

# Februar
## Veränderung, Ausbrechen, Sprengen

*Härte schwand. Auf einmal legt sich Schonung*
*an der Wiesen aufgedecktes Grau.*
*Kleine Wasser ändern die Betonung.*
*Zärtlichkeiten, ungenau,*

*greifen nach der Erde aus dem Raum.*
*Wege gehen weit ins Land und zeigens.*
*Unvermutet siehst du seines Steigens*
*Ausdruck in dem leeren Baum.*

(Rainer Maria Rilke, *Vorfrühling*)

# Gerichte im Februar

## *Löwenzahnsalat mit Ei und Speck*

---

*100 g Speck,*
*in Würfel geschnitten und ohne Fett in der Pfanne geröstet*

---

*200 g Löwenzahn, gewaschen und geputzt*

---

*2 hartgekochte Eier · 1 Knoblauchzehe · 1 TL Obstessig*

---

*1 kleines Glas Olivenöl · Salz · Pfeffer*

---

Den Löwenzahn so klein wie möglich hacken. In einer Salatschüssel Essig, Öl, gepreßte oder gehackte Knoblauchzehe mit Salz und Pfeffer verrühren. Den Löwenzahn hinzufügen, gut mischen und mit dem Speck und den geachtelten Eiern dekorieren. Mit Knoblauchbrot reichen.

## *Artischockenherzen Parijoul*

---

*16 kleine, junge Artischocken*

---

*2 große Zwiebeln · 2 Karotten*

---

*1 Glas trockener Weißwein*

---

*1 Glas Wasser · 1 Bund Petersilie · Öl*

---

Die äußeren harten Blätter der Artischocken mit der Hand entfernen, bis man auf die gelblichen Blätter kommt; mit einem Messer die Spitzen abschneiden (ungefähr das obere Drittel). Die

in Scheiben geschnittenen Zwiebeln und 2 EL Öl in einen fla-
chen Topf geben und die Artischocken mit den Blattspitzen nach
oben hineinstellen. Die gewürfelten Karotten dazugeben. Die Artischocken mit etwas Öl beträufeln und dann vorsichtig anbraten.
Mit Weißwein und Wasser ablöschen. Die gehackte Petersilie
gleichmäßig auf den Artischocken verteilen, zudecken und bei
kleiner Flamme ungefähr 1–1½ Stunden köcheln lassen, bis die
Sauce ganz verschwunden ist.

## Kleine Haferflockenkuchen

| |
| --- |
| 1 kleine Schüssel Haferflocken |
| 75 g Vollkornmehl · 75 g Rosinen |
| 75 g Kokosnuß, gerieben |
| 2–3 EL Sonnenblumen- oder Erdnußöl |
| Salz · Wasser |

Die Haferflocken trocken in der Pfanne anrösten, dann in einer
Schüssel mit dem Mehl mischen. Salz, Rosinen und die geraspelte
Kokosnuß dazugeben und mit Öl verrühren. Soviel Wasser hinzufügen, daß eine feste Masse entsteht. Den Teig auf einem gefet-
teten Kuchenblech verstreichen, in kleine Ecken schneiden und
im heißen Ofen ca. 20 Minuten backen, bis sie richtig schön
braun werden.

# März
## Stille, Fasten, Vergeistigung

*Es sind nicht die bunten Farben,*
*die lustigen Töne und die warme Luft,*
*die uns im Frühling so begeistern.*
*Es ist der stille, weissagende Geist*
*unendlicher Hoffnungen, ein Vorgefühl*
*vieler frohen Tage, des gedeihlichen*
*Daseins so mannigfaltiger Naturen,*
*die Ahndung höherer, ewiger Blüten und*
*Früchte und die dunkle Sympathie mit*
*der gesellig sich entfaltenden Welt.*

(Novalis)

# Gerichte im März

---

## *Gemischter Salat*

| |
|---|
| *1 kleine Bataviastaude · 4 Karotten* |
| *1 Schüssel Alfalfasprossen, selbst gezogen (siehe Seite 97)* |
| *nach Wunsch einige Oliven* |
| *2 EL Zitronensaft · 6 EL Öl · Salz · Pfeffer* |

Den Bataviasalat putzen, waschen, trockenschwenken und fein schneiden. Karotten putzen und raspeln, Alfalfasprossen waschen und trockentupfen, in eine Schüssel dekorieren, nach Belieben mit Oliven verzieren und mit einer Öl-Zitronen-Sauce anrichten. Dafür 2 EL Zitronensaft mit der dreifachen Menge Öl, Salz und Pfeffer verquirlen.

# Gemüsecouscous

| 300 g Couscous (vorgegart)* |
|---|
| 4 Zwiebeln · 3 Knoblauchzehen · 5 Karotten |
| 1 kleiner Blumenkohl |
| 1 Handvoll frischer Spinat |
| Salz, Pfeffer, Kümmel oder ein Gewürz nach Wunsch · Öl |

Die gepellten Zwiebeln in Ringe schneiden, den geschälten Knoblauch fein hacken, den gewaschenen Blumenkohl in kleine Röschen, den Spinat in größere Stücke teilen und die geschrappten Karotten in dünne Scheiben schneiden. In einem tiefbauchigen Topf mit etwas Öl ein Zwiebel-Knoblauch-Bett herrichten. Darauf das Gemüse schichten und langsam ankochen. Immer wieder ein bißchen Wasser angießen. Im Laufe des Kochvorganges ab und zu das Ganze durchmischen. Wenn die Zwiebeln goldgelb werden und das Gemüse gar ist, Wasser (doppelte Menge des Couscous) hinzufügen, salzen und erhitzen, bis es kocht. Den Couscous zugeben, einmal umrühren, noch einmal aufkochen, dann die Herdplatte abstellen. Kümmel oder ein anderes Gewürz Ihrer Wahl hinzufügen, zudecken und den Couscous aufquellen lassen.

---

* Vorgegarten Couscous (Hirse-, Mais- oder Weizengrütze) erhalten Sie in türkischen Lebensmittelgeschäften. Er benötigt nur eine Kochzeit von ca. 7 Minuten.

# Bananen mit Limonenschale

---

*4 Bananen · 2 dl Wasser · 120 g Zucker*

---

*½ Orange (unbehandelt) · ½ Limone (unbehandelt)*

---

Wasser und Zucker zum Kochen bringen, 10 Minuten kochen, dabei eventuell abschäumen. Den Sirup beiseite stellen. Limone und Orange dünn schälen und die Schalen in feine Streifen schneiden. Die geschälten Früchte getrennt auspressen. Die Bananen in Scheiben schneiden. Nun den Saft und die Schalen der beiden Früchte (einige Streifen als Dekoration zurückbehalten) zusammen mit den Bananenscheiben in den Sirup geben. Das Ganze in 4 kleine Schalen füllen und für 3 Stunden in den Kühlschrank stellen. Als Schlußdekoration können auch frische Minzeblätter oder andere Früchte verwendet werden.

# April
## Aufbruch, Kraft, Vitalität

*In grünen Wiesen steht ein kleiner Hain*
*Von weißen Birken, die zum Lichte steigen.*
*Das erste Hellgrün auf den schwanken Zweigen —*
*Wie eine Wolke, wie ein Haar so fein.*

*Die weißen Wolken wachsen in die Luft*
*Wie Berge grundlos, aus dem Blau der Seen*
*In Licht gelöst, die waldgen Ufer stehen.*
*Wo dämmrig ruht des Schattens blauer Duft.*

(Georg Heym, *Blau — Weiß — Grün*)

# Gerichte im April

---

## *Eier mit Thunfisch und Mayonnaise*

| | | |
|---|---|---|
| 4 Eier · 50 g Thunfisch · 1 EL Mayonnaise | | |
| 1 EL Zitronensaft · 10 g Anchovis · 1 TL Kapern | | |
| 1 EL Milch · Salz · Pfeffer | | |

Die Eier 10 Minuten kochen, abschrecken und sofort schälen. Der Länge nach in 2 Hälften schneiden und auskühlen lassen. Den Thunfisch mit einer Gabel zerpflücken und mit Mayonnaise und Zitronensaft mischen. Anchovis und Kapern fein hacken, mit der Milch und dem Thunfisch zu einer cremigen Masse verschlagen, mit etwas Salz und Pfeffer abschmecken. Die Eier mit dieser Sauce übergießen. Nach Wunsch mit Kapern, Petersilie oder Zitronenscheiben anrichten.

# Lammkoteletts mit Limette und Pastis

| |
|---|
| 8 Lammkoteletts · 3 EL Olivenöl |
| 2 Knoblauchzehen, fein gehackt oder gepreßt |
| Saft von 2 Limetten |
| unbehandelte Limetten- oder Zitronenschale, fein gerieben |
| 50 g Butter |
| 4 EL Pastis (z. B. Pernod oder Ricard), Raki oder Ouzo |
| Salz · Pfeffer aus der Mühle |

Die Lammkoteletts gut entfetten, sie um sich selbst in Form einer Nuß drehen, mit einem Zahnstocher zusammenhalten und in eine Schüssel schichten. Das Öl, die Hälfte des Limettensafts und die geriebene Zitronenschale mit dem Knoblauch mischen, gut pfeffern. Diese Sauce über die Lammkoteletts verteilen. Bedeckt mindestens 1 Stunde (oder auch bis zu 3 Tagen) marinieren. Dann das Fleisch aus der Marinade nehmen, gut abtropfen lassen. In einer Pfanne die Butter erhitzen, die Lammkoteletts zunächst rundherum leicht anbraten, dann ungefähr 5 Minuten pro Seite bei guter Hitze schön Farbe nehmen lassen. Das Fleisch herausnehmen und in einem Topf warm halten. Das Bratfett mit dem Pastis, dem Rest der Marinade und dem restlichen Limettensaft unter Rühren loskochen, salzen, pfeffern und diese Sauce über die Lammkoteletts gießen. Die Koteletts mit Pellkartoffeln servieren.

# *Tarte Tatin*

---

*1,5 kg säuerliche Äpfel · 150 g Butter*

---

*200 g Zucker*

---

FÜR DEN BUTTERTEIG:

---

*200 g Weizenvollkornmehl · 100 g Butter*

---

*1 Prise Salz*

---

Das Mehl mit der Butter, dem Salz und etwas Wasser zu einem geschmeidigen Teig kneten. Die Äpfel schälen, in Viertel schneiden und das Kerngehäuse entfernen. In einer Kuchenform mit hohem Rand (4–5 cm) oder einer Gratinschüssel 125 g Butter schmelzen und ungefähr ⅔ des Zuckers hinzufügen. Die Apfelviertel so eng wie möglich in die Kuchenform legen, den Rest des Zuckers darüberstreuen. Die restlichen 25 g geschmolzene Butter darüberträufeln. Das Ganze bei ca. 200 °C 20–25 Minuten backen. Die Kuchenform herausnehmen und den Teig darüberlegen, dabei die Ränder seitlich in die Kuchenform drücken. Dann nochmals im heißen Ofen 15–20 Minuten backen. Den Kuchen herausnehmen und schnell auf eine Platte stürzen. Lauwarm servieren.

# Mai

## Genuß, Freude, Sinnlichkeit

*Grün ist der Jasminenstrauch*
*Abends eingeschlafen.*
*Als ihn mit des Morgens Hauch*
*Sonnenlichter trafen,*
*Ist er schneeweiß aufgewacht,*
*»Wie geschah mir in der Nacht?«*
*Seht, so geht es Bäumen,*
*Die im Frühling träumen!*

(Friedrich Rückert, *Liebesfrühling,*
*Erster Strauß. Erwacht. 14.*)

# Gerichte im Mai

---

## *Spargel mit Gänseleber und Vinaigrette*

---

*24 mittelgroße Spargelstangen*

*120 g Gänseleber · 2 kleine Schalotten, gehackt*

*3 EL Weinessig · 3 EL Nußöl · Mehl*

*Petersilie · Salz · Pfeffer*

---

Den Spargel putzen, auf 10 cm zurechtschneiden und ungefähr 10 Minuten in Salzwasser kochen, warm halten. Die Gänseleber in 1,5 cm dicke Scheiben schneiden, mit Salz und Pfeffer würzen und leicht mit Mehl bestäuben. Für die Vinaigrette die Schalotten in dem Essig 1 Minute erhitzen, das Nußöl hineinquirlen und vom Feuer nehmen. Ebenfalls warm halten. Die Gänseleberscheiben in einer beschichteten, sehr heißen Pfanne ohne Fett auf jeder Seite ca. 30 Sekunden anbraten. Dann die Scheiben herausnehmen und dreimal längs durchschneiden. Den lauwarmen Spargel kurz abtropfen lassen und in die Vinaigrette geben. Die Gänseleberstreifen dekorativ darauf anrichten. Auf vorgewärmten Tellern und mit gehackter Petersilie bestreut servieren.

# Lachs-Krevettenspieße
## auf Minz-Gemüse

| |
|---|
| *200 g frischer Lachs in Scheiben (ca. 1 cm dick)* |
| *16 Krevetten (Garnelen) · 6 Minzeblätter* |
| *500 g frische Saubohnen (Ackerbohnen)* |
| *100 g feine Erbsen · 50 g Butter* |
| *gut ¼ l Weißwein · Olivenöl* |
| FÜR DIE BOUILLON: |
| *1 Karotte · 1 Zwiebel · 1 Knoblauchzehe* |
| *Thymian · Petersilie · Rosmarin* |
| *Salz · Pfeffer* |

Die Krevetten in einen großen Topf mit heißem Wasser geben, kurz aufkochen, abseihen, lauwarm werden lassen und dann enthäuten. Die Schalen der Krevetten fein zerstampfen. Das Gemüse — Karotte, Zwiebel, Knoblauchzehe — schälen, grob schneiden und die Saubohnen enthülsen.

Öl in einer Pfanne erhitzen, die Krevetten, Schalen, das Gemüse und 1 Glas Wasser hinzufügen. So lange erhitzen, bis das ganze Wasser verdampft ist. Dann gut ¼ l Weißwein, Thymian, 2 Petersilienstengel und 1 Zweig Rosmarin hinzugeben, auf ganz kleiner Flamme ungefähr 1 Stunde köcheln lassen, bis sich die Flüssigkeit auf etwa ½ Glas reduziert hat. Abseihen und dabei die Flüssigkeit auffangen. Die Minzeblätter in ganz feine Streifen schneiden. Die Saubohnen in einem Topf mit gesalzenem Wasser 2 Minuten kochen, beiseite stellen. Die Erbsen 2 Minuten in gesalzenem Wasser blanchieren, abseihen. Den Lachs in 20 Würfel von 1 × 1 × 2 cm schneiden. Lachs und Krevetten abwechselnd auf 4 Spieße stekken.

*Die letzte Vorbereitung:*

In einem kleinen Topf den Fond aus Gemüse und Krevettenschalen aufkochen, 50 g Butter hinzufügen. Gut mit einem Pürierstab mixen, bis die Sauce bindet. Dann Minzeblätter, Saubohnen und die Erbsen einrühren. Nach Wunsch auch alles mit dem Handmixer pürieren. Das Ganze nochmals erhitzen und abschmecken. Die Spieße zusammen mit etwas Butter in einer Pfanne anbraten (pro Seite ungefähr 1 Minute). Die Sauce auf 4 Teller verteilen und jeweils in die Mitte einen Spieß legen.

## Walderdbeerenschaum

| |
|---|
| *280 g Walderdbeeren* |
| *3 dl Champagner oder trockener Sekt* |
| *100 g Zucker · 1 Zitrone* |

Von den gewaschenen Walderdbeeren 80 g abnehmen, gut zuckern und mit etwas Zitronensaft beträufeln. Die übrigen Beeren mit 100 g Zucker, dem Champagner und etwas Zitronensaft mixen. Nun die eingezuckerten Walderdbeeren auf 4 eisgekühlte Cocktailgläser verteilen. Die Gläser mit der Mousse aus den übrigen Walderdbeeren auffüllen und für eine halbe Stunde ins Tiefkühlfach stellen. Nach Belieben mit weiteren frischen Walderdbeeren, einem Minzeblatt, etc. dekorieren.

# Juni

## Austausch, Begegnung, Leichtigkeit

*Mitternacht, die Gärten lauschen,*
*Flüsterwort und Liebeskuß,*
*Bis der letzte Klang verklungen,*
*Weil nun alles schlafen muß —*
*Flußüberwärts singt eine Nachtigall.*

*Sommergrüner Rosengarten,*
*Sonnenweiße Stromesflut,*
*Sonnenstiller Morgenfriede,*
*Der auf Baum und Beeten ruht —*
*Flußüberwärts singt eine Nachtigall.*

*Straßentreiben, fern, verworren,*
*Reicher Mann und Bettelkind,*
*Myrtenkränze, Leichenzüge,*
*Tausendfältig Leben rinnt —*
*Flußüberwärts singt eine Nachtigall.*

*Langsam graut der Abend nieder,*
*Milde wird die harte Welt,*
*Und das Herz macht seinen Frieden,*
*Und zum Kinde wird der Held —*
*Flußüberwärts singt eine Nachtigall.*

(Detlev von Liliencron, *Schöne Junitage*)

# Gerichte im Juni

## *Artischockenböden ma prem aloka*

| |
|---|
| *4 kleine frische Artischockenherzen* |
| *etwas Butter · 10 g getrocknete Morcheln* |
| *2 EL Crème fraîche · 1 kleine Schalotte* |
| *1 kleines Glas Gemüsebouillon* |

Morcheln putzen, waschen und 1—4 Stunden in Milch einweichen, auspressen. Die Artischockenherzen in leicht gesalzenem Wasser ungefähr 15 Minuten mit dem Saft einer Zitrone kochen. Nebenbei die geschälte, gehackte Schalotte in der zerlassenen Butter leicht anbraten, die Morcheln im ganzen dazugeben, ein wenig zusammen braten, dann mit der Gemüsebouillon ablöschen und weitere 10 Minuten kochen. Zum Schluß die Crème fraîche unterziehen und eindicken lassen. Die abgetropften Artischockenherzen mit den Morcheln und der Sauce füllen und mit feingehackter Petersilie dekorieren.

# Florentiner Spargel

---

*1,5 kg Spargel · 120 g Butter*

---

*50 g geriebener Parmesankäse · 4 Eier*

---

*Salz · schwarze Pfefferkörner*

---

Den Spargel waschen, von oben nach unten schälen, »hölzerne« Stangenteile entfernen. Die Spargelstangen zusammenbinden und den unteren Teil gleichmäßig abschneiden. Den Bund aufrecht in einem hohen, schmalen Topf mit Salzwasser bedeckt knapp 20 Minuten garen. Während der Kochzeit nicht den Deckel heben. Den Spargel vom Feuer nehmen; er sollte noch bißfest sein. Abtropfen lassen und losbinden.

In einer Pfanne 70 g Butter erhitzen und den Spargel bei mittlerer Hitze einige Minuten vorsichtig darin wenden. Den geriebenen Parmesankäse und den frisch gemahlenen Pfeffer darüberstreuen und von der Kochstelle nehmen. Den Spargel auf einer Platte anrichten. In der Zwischenzeit in der restlichen Butter Spiegeleier braten und auf den Spargel legen. Mit Pellkartoffeln servieren.

# Birnenkuchen mit Nüssen

---

*1 kg Birnen · 100 g Haselnüsse · ¼ l Crème fraîche*

---

*2 Eier · 125 g Zucker*

---

*300 g Butterteig (siehe Seite 138)*

---

Die Birnen schälen, die Kerngehäuse entfernen und die Früchte der Länge nach in Hälften schneiden. Die Nüsse grob hacken. Die Eier in eine Schüssel schlagen, 100 g Zucker und die Crème fraîche unterrühren. Den Butterteig nach Rezept der Tarte Tatin herstellen und eine gefettete, mit Mehl bestäubte Kuchenform damit auslegen. Den Teig mehrmals leicht mit einer Gabel einstechen. Die halben Birnen mit der Rundung nach oben auf dem Kuchenteig verteilen und sie mit einem scharfen Messer leicht einschneiden. Den restlichen Zucker und die gehackten Nüsse darüberstreuen. Das Ganze mit der Eiercreme-Zuckermelange ausfüllen. Im heißen Ofen ungefähr 35 Minuten backen. Den Kuchen entweder lauwarm oder kalt servieren.

# Juli

## Stille, Geborgenheit, Fruchtbarkeit

Am Abend schweigt die Klage
Des Kuckucks im Wald.
Tiefer neigt sich das Korn,
Der rote Mohn.

Schwarzes Gewitter droht
Über dem Hügel.
Das alte Lied der Grille
Erstirbt im Feld.

Nimmer regt sich das Laub
Der Kastanie.
Auf der Wendeltreppe
Rauscht dein Kleid.

Stille leuchtet die Kerze
Im dunklen Zimmer;
Eine silberne Hand
Löschte sie aus;

Windstille, sternlose Nacht.

(Georg Trakl, Sommer)

# Gerichte im Juli

## *Honig-Wassermelone mit Zitronenminze*

Für 2 Personen:

*1 kleine Honigmelone · ⅛ Wassermelone · ½ Zitrone*

*1 kleines Sträußchen frische Zitronenminze*

Die Zitronenminze abbrausen, trockentupfen und in schmale Streifen schneiden. Die Zitrone auspressen. Die Honigmelone quer in zwei Hälften teilen. Honig- und Wassermelone entkernen und kleine Bällchen ausstechen, ohne die Schale zu verletzen. Das Fruchtfleisch in einer Schüssel ganz vorsichtig mit dem Zitronensaft und den Minzlamellen mischen und in die zwei kleinen Honigmelonen-Schalen füllen. Mit Minzeblättern und Zitronenscheiben dekorieren.

# Lachs mit Pistou

| |
|---|
| *2 frische Lachsfilets (ca. 3 cm dick)* |
| *6 Knoblauchzehen · 6 EL allerbestes Olivenöl* |
| *36 Basilikumblätter · 4 sehr reife Tomaten* |
| *15 g Butter · 2 neue Zwiebeln* |
| *frischer Thymian · Olivenöl · Salz · Pfeffer* |
| *Cayennepfeffer · ½ Bouillonwürfel* |

Dieses Gericht kann entweder kalt oder warm serviert werden. Die Basilikumblätter, die geschälten Knoblauchzehen, Olivenöl, Salz und Pfeffer im Mixer pürieren, bis eine dicke Paste entsteht, das sogenannte Pistou (italienisch: Pesto).

Für die Sauce die kleingehackten Zwiebeln in Olivenöl andünsten, die Tomaten in Viertel schneiden, zufügen und mit 1 dl Wasser aufgießen. So lange kochen, bis sich die Tomaten auflösen; durch ein Sieb passieren.

Den Ofen auf 200 °C vorheizen. Die Haut des Lachses abziehen und jedes Filet in zwei Teile schneiden. Die Lachsteile in eine Gratinform legen, etwas Olivenöl darübergießen, mit wenig Salz, Pfeffer und Cayennepfeffer würzen und auf jedes Lachsfilet noch 1 TL Butter geben. Den Lachs im Ofen 2 Minuten dünsten, dann herausnehmen. Die Tomatensauce mit Salz, Pfeffer, Cayennepfeffer und frischem Thymian noch mal erhitzen und etwas Bouillon dazugeben. Das Basilikum-Öl-Gemisch entweder kalt verwenden oder kurz erhitzen. Zuerst die Tomatensauce, dann die Lachsfilets auf 4 Teller verteilen, die Filets in der Mitte mit dem Pistou bestreichen.

# Frische Feigen mit Eis

| |
|---|
| 4 Scheiben Fruchteis (Mischung aus Erdbeer-, Kiwi- oder Orangeneis) |
| 4 reife frische Feigen · 150 g Sahne |
| 200 g frische Himbeeren oder Erdbeeren |
| 50 g Honig · 4 TL Pinienkerne |

Fruchteis in 1 cm dicke Scheiben und dann in Würfel schneiden. Feigen der Länge nach vierteln, Sahne steif schlagen und in eine Garnierspritze füllen. Frische Beeren vorsichtig mit Honig mischen. Die Fruchteiswürfel in breite Kelchgläser oder auf Dessertteller geben, darauf die Feigen legen und mit Sahne garnieren. Die gemixten Beeren darübergießen und mit Pinienkernen bestreuen. Sofort servieren.

# August
## Gelassenheit, Höhepunkt, Lebensfreude

*Wir schnitten die Saaten, wir Buben und Dirnen,*
*Mit nackenden Armen und triefenden Stirnen,*
*Von donnernden dunklen Gewittern bedroht —*
*Gerettet das Korn! Und nicht Einer, der darbe!*
*Von Garbe zu Garbe*
*Ist Raum für den Tod —*
*Wie schwellen die Lippen des Lebens so rot!*

*Hoch thronet ihr Schönen auf güldenen Sitzen,*
*In strotzenden Garben umflimmert von Blitzen —*
*Nicht Eine, die darbe! Wir bringen das Brot!*
*Zum Reigen! Zum Tanze! Zur tosenden Runde!*
*Von Munde zu Munde*
*Ist Raum für den Tod —*
*Wie schwellen die Lippen des Lebens so rot!*

(Conrad Ferdinand Meyer, *Schnitterlied*)

# Gerichte im August

---

## *Gefüllte Zucchiniblüten Tao*

| |
|---|
| *6 Zucchiniblüten pro Person* |
| FÜR DIE FÜLLUNG: |
| *1 Bund Petersilie · 10 Basilikumblätter* |
| *1 Knoblauchzehe · 2 frische, vollreife Tomaten* |
| *Salz · Pfeffer* |
| FÜR DEN AUSBACKTEIG: |
| *80 g Mehl · 1 Ei · 1 EL Öl* |
| *1 kleines Glas helles Bier · etwas Salz* |
| ZUM FRITIEREN: |
| *1 l Friteusenöl* |

Für die Füllung die Tomaten kurz in heißes Wasser legen, dann die Haut abziehen. Petersilie, Basilikum und die geschälte Knoblauchzehe zerkleinern und im Mixer zu einem Püree verarbeiten. Salz, Pfeffer und die Tomaten zugeben, das Ganze noch mal verrühren und in einem Sieb abtropfen lassen. Die Mischung soll so wenig Flüssigkeit wie möglich enthalten.

Für den Teig in einer Schüssel Öl, Mehl, Ei und Salz gut mit einem Holzlöffel verrühren, dann langsam das Bier hinzufügen. So lange schlagen, bis der Teig elastisch ist. 1 Stunde kühl stellen. Die Zucchiniblüten kurz in kochendes Salzwasser tauchen, sofort herausnehmen, abtropfen lassen und ganz vorsichtig trockentupfen. Die gut abgetropften und trockenen Zucchiniblüten vorsichtig nach allen 4 Seiten hin öffnen und das Püree aus Tomaten etc.

hineinfüllen, die Blätter wieder übereinanderschlagen. Nebenbei in einem Topf das Friteusenöl erhitzen. Wenn das Öl zu sieden beginnt, die Zucchiniblüten vorsichtig hineintauchen, bis sie goldgelb sind, herausnehmen, auf Küchenkrepp abtropfen lassen und warm stellen, bis alle fertig sind. Auf Tellern anrichten, nach Belieben dekorieren.

## *Rotbarschfilet auf Rosmarincreme*

| |
|---|
| *4 Rotbarschfilets (je ca. 150 g) · 2 Schalotten* |
| *2 Zweige frischer Rosmarin · 50 g Butter* |
| *1 großes Glas trockener Weißwein* |
| *1 Glas Wasser · 2 dl Crème fraîche* |
| *2 EL Öl · Zitrone · Salz · Pfeffer* |

Die Filets kurz waschen und trockentupfen. Gräten mit der Pinzette entfernen. Die Schalotten fein hacken. Einen Sud herstellen: Dazu 30 g Butter schmelzen, Schalotten und den gehackten Rosmarin dazugeben, mit Weißwein und Wasser auffüllen. Das Ganze ungefähr 5 Minuten kochen, dann durch ein feines Sieb passieren. Wieder in einen Topf geben und bei guter Hitze nochmals um die Hälfte reduzieren. In diesen Sud die Crème fraîche einrühren und abermals bei guter Hitze um die Hälfte reduzieren. Falls es schneller gehen soll, den kalten Sud mit Maisstärke vermischen, kurz erhitzen und so die Sauce eindicken. Etwas Zitronensaft hineinträufeln und warm halten. In einer Pfanne das Öl heiß werden lassen und die Fischfilets — evtl. nacheinander — kurz anbraten (½–1 Minute), alle zusammen nochmals ½ Minute braten. Den Fisch direkt auf Tellern servieren, vorher mit der noch einmal kurz erhitzten Sauce überstreichen. Mit frischen Rosmarinzweigen garnieren.

# Honigmelone Armagnac

*2 kleine, reife Honigmelonen · Armagnac*

Die Melonen der Länge nach aufschneiden, die Kerne mit einem Eßlöffel entfernen und in jede Kuhle ein kleines Glas Armagnac geben.

# September
## Behutsamkeit, Farbe, Melancholie

*Im Nebel ruhet noch die Welt,*
*Noch träumen Wald und Wiesen:*
*Bald siehst du, wenn der Schleier fällt,*
*Den blauen Himmel unverstellt,*
*Herbstkräftig die gedämpfte Welt*
*In warmem Golde fließen.*

(Eduard Mörike, *September-Morgen*)

# Gerichte im September

## *Auberginenkaviar mit Weizencrackern*

| | |
|---|---|
| *4 mittlere Auberginen · 3 Tomaten* | |
| *2 Knoblauchzehen · 1 Zitrone · 1 EL Olivenöl* | |
| *Salz · Pfeffer · Petersilie* | |
| ZUM GARNIEREN: | |
| *Tomaten* | |
| ALS BEILAGE: | |
| *Weizencracker* | |

Gewaschene Auberginen im sehr heißen Ofen direkt auf den Ofengrill legen und 30—45 Minuten unter häufigem Wenden grillen. Wenn die Haut gut getrocknet, fast schon verbrannt ist, herausnehmen und 2—3 Minuten in kaltes Wasser legen oder einfach abkühlen lassen, dann die Haut vorsichtig abziehen. Das Fruchtfleisch ungefähr 15 Minuten in einem Sieb abtropfen lassen und dann im Mixer mit Pfeffer, Salz, Zitronensaft, Petersilie und Knoblauch pürieren. Nach Belieben etwas Tahini (Sesampaste) hinzufügen. Olivenöl unterheben und mit Tomatenachteln anrichten. Dazu die Weizencracker reichen.

# Hasenfilet nach mediterraner Art

| |
|---|
| 4 Hasenfilets |
| 2 unbehandelte Zitronen (1 grüne und 1 gelbe) |
| 200 g grüne, entkernte Oliven |
| 2 Knoblauchzehen · 1 Zweig frischer Rosmarin |
| 1 Chilischote · 2 Nelken · 4 Salbeiblätter |
| 1 großes Glas trockener Weißwein |
| 1 Würfel Gemüsebouillon · 2 EL Olivenöl |
| 25 g Butter · Salz · Pfeffer |

Die Zitronen erst dünn schälen, dann auspressen. Die Hasenfilets salzen und pfeffern, mit Olivenöl und Zitronensaft begießen. Zitronenschalen, den gepreßten Knoblauch, Rosmarin, Chilischote, Nelken und Salbeiblätter hinzufügen. Alles gut mischen und zugedeckt 6 Stunden im Kühlschrank durchziehen lassen. Dann die Hasenfilets mit einem trockenen Küchentuch abtupfen und in einer Pfanne mit Butter ca. 7 Minuten Farbe nehmen lassen. Mit Weißwein ablöschen und so lange kochen, bis sich die Flüssigkeit auf ungefähr 2 EL reduziert hat. Nun die Marinade mit den Gewürzen, einem kleinen Glas Wasser und dem Bouillonwürfel zugeben. Gut durchrühren. Zugedeckt 45 Minuten köcheln lassen, dabei nach 20—25 Minuten das Fleisch wenden. Die Oliven für 1 Minute in siedendes Wasser legen, abtropfen lassen und die letzten 15 Minuten in der Bratensauce mitkochen. Mit Nudeln servieren.

# Zitroneneis

| |
|---|
| ¼ l Sahne · 100 g Honig |
| Saft von 2–3 Zitronen |
| 1 EL Rosinen, ungeschwefelt |
| 1 EL Zitronat · 1 EL Orangeat · 1 EL Pistazien |
| 2 EL 40%iger Rum |

Rosinen, Zitronat, Orangeat und Pistazien sehr kleinschneiden, mit Rum mischen. Zitronen auspressen. Sahne steif schlagen. Honig, Zitronensaft und die mit Rum gemischten Früchte unterziehen. In eine Gefrierbox füllen und in das Gefrierfach oder die Tiefkühltruhe stellen. Zum Verzehr in Scheiben schneiden.

# Oktober

## Schönheit, Mitte, Harmonie

Dies ist ein Herbsttag, wie ich keinen sah!
Die Luft ist still, als atmete man kaum,
Und dennoch fallen raschelnd, fern und nah,
Die schönsten Früchte ab von jedem Baum.

O stört sie nicht, die Feier der Natur!
Dies ist die Lese, die sie selber hält,
Denn heute löst sich von den Zweigen nur,
Was von dem milden Strahl der Sonne fällt.

(Friedrich Hebbel, *Herbstbild*)

# Gerichte im Oktober

## *Gefüllte Sardinen mit Spinat*

| |
|---|
| 1 kg frische Sardinen · 1 kg frischer Spinat |
| 50 g Brot (ohne Rinde) · 2 Knoblauchzehen |
| 25 g Pinienkerne · 1 kleines Petersiliensträußchen |
| 4 EL Brotbrösel · 1 kleines Glas Olivenöl |
| 1 kleines Glas Milch · Salz · Pfeffer |

Den Spinat putzen und gut waschen. Tropfnaß in einen Topf geben und bei starker Hitze zusammenfallen lassen, etwas salzen. Zum Abtropfen auf ein Sieb schütten, dann gut ausdrücken und grob hacken. Das Olivenöl in einer Pfanne erhitzen, den Spinat ungefähr 3–4 Minuten darin dünsten. Das Brot in der Milch aufquellen lassen, mit der Hand fest ausdrücken und zerpflücken. Zusammen mit den gepreßten Knoblauchzehen, den gehackten Pinienkernen und der feingehackten Petersilie zum Spinat geben. Gut verrühren, salzen, pfeffern. Vom Feuer nehmen und die Masse erkalten lassen.

Währenddessen den Ofen auf 210 °C vorheizen. Die gewaschenen und gesäuberten Sardinen am Bauch öffnen und ausnehmen, den Schwanz dranlassen. Die ganz geöffneten Fische etwas salzen und pfeffern. Die Spinatmasse auf die Sardinen verteilen und diese leicht einrollen. Die Fische in einer ofenfesten, geölten Form eng zusammensetzen und mit den Brotbröseln bestreuen. Noch etwas Olivenöl darüberträufeln und 15 Minuten bei 200 °C im Ofen backen. Sofort servieren.

# Gänsebrustfilet auf Aprikosen-
# und Brombeersauce

| |
|---|
| 4 ausgelöste Gänsebruststücke |
| 125 g getrocknete Aprikosen · 1,5 l Wasser |
| 125 g frische Brombeeren · 40 g Butter |
| 1 großes Glas trockener Weißwein |
| 1 TL grüne Pfefferkörner · Salz · Pfeffer |
| frische Gänse- oder Hühnerleber |
| FÜR DIE DEKORATION: |
| frische Aprikosen · Brunnenkresse · Brombeeren |

Die Aprikosen über Nacht in kaltem Wasser einweichen. Dann abgießen und mit 15 dl Wasser 20 Minuten lang leicht köcheln lassen, bis sie weich sind, abgießen. Die Aprikosen zusammen mit den Brombeeren und 1 Prise Salz im Mixer pürieren. So lange mixen, bis eine feste Masse entsteht. Die Gänsebrüstchen 5—10 Minuten in Butter anbraten, bis sie schön knusprig sind. Den Wein und die Pfefferkörner hinzugeben, mit Salz und Pfeffer abschmecken und 5 Minuten köcheln lassen. Jetzt das Brombeer-Aprikosen-Gemisch und die gehackte Leber zufügen und das Ganze noch einmal 15 Minuten kochen lassen, bis die Gänsebrüstchen weich sind. Diese auf Tellern anrichten und mit der Sauce übergießen. Mit frischen halben Aprikosen, Brunnenkresse und Brombeeren garnieren. Als Beilage Spätzle und in Speck gedünstete, mit frischem Estragon gewürzte grüne Bohnen servieren.

# Fruchtsalat Nirmal

| | |
|---|---|
| *2 Kiwis · 125 g blaue Weintrauben* | |
| *1 Banane · 1 Orange · 1 Apfel · 1 Birne* | |
| *¼ frische Ananas · 50 g Walnußkerne* | |
| *Saft von 1 Zitrone · 100 ml Sahne · 1 EL Akazienhonig* | |
| *2 EL Orangenmarmelade* | |

Kiwi schälen, halbieren und in Scheiben schneiden. Weintrauben ganz lassen oder halbieren, je nach Traubengröße. Banane und Orange schälen, in Scheibchen schneiden. Apfel und Birne ungeschält, aber vom Kernhaus befreit, in Stücke schneiden. Die geschälte Ananas stifteln und die Walnußkerne grob brechen. Mit Zitronensaft übergießen, vorsichtig mischen, in eine Glasschüssel füllen und kühl stellen.

Sahne steif schlagen, Honig und Orangenmarmelade unterziehen. Vor dem Servieren Sahne auf den Fruchtsalat häufen.

# November

## Verwandlung, Tod, Innenraum

*Der dunkle Herbst kehrt ein voll Frucht und Fülle,*
*Vergilbter Glanz von schönen Sommertagen.*
*Ein reines Blau tritt aus verfallener Hülle;*
*Der Flug der Vögel tönt von alten Sagen.*
*Gekeltert ist der Wein, die milde Stille*
*Erfüllt von leiser Antwort dunkler Fragen.*

*Und hier und dort ein Kreuz auf ödem Hügel;*
*Im roten Wald verliert sich eine Herde.*
*Die Wolke wandert übern Weiherspiegel;*
*Es ruht des Landmanns ruhige Gebärde.*
*Sehr leise rührt des Abends blauer Flügel*
*Ein Dach von dürrem Stroh, die schwarze Erde.*

*Bald nisten Sterne in des Müden Brauen;*
*In kühle Stuben kehrt ein still Bescheiden*
*Und Engel treten leise aus den blauen*
*Augen der Liebenden, die sanfter leiden.*
*Es rauscht das Rohr; anfällt ein knöchern Grauen,*
*Wenn schwarz der Tau tropft von den kahlen Weiden.*

(Georg Trakl, *Der Herbst des Einsamen*)

# Gerichte im November

---

## *Bauernsuppe*

| |
|---|
| *8 Scheiben Bauernbrot · ca. 500 g Mangold* |
| *½ Wirsing · 3 Stangen Sellerie* |
| *4 mittelgroße Möhren · 4 Kartoffeln · 2 reife Tomaten* |
| *1 TL Tomatenmark · 1 Zwiebel* |
| *1 halbe rote Paprikaschote · 1—2 Stengel Thymian* |
| *1 Glas Olivenöl, kaltgepreßt* |
| *2 Knoblauchzehen · Salz · Pfeffer* |

Das Öl in einem großen Topf erhitzen, die geschälte Zwiebel und die geputzte, gewaschene Paprikaschote fein hacken und darin andünsten, dann das Tomatenmark und die kleingeschnittenen Tomaten zugeben. Nach einigen Minuten das übrige, gut gewaschene und zerkleinerte Gemüse hinzufügen. 1 l kaltes Wasser nachgießen, salzen, pfeffern und bei schwacher Hitze mindestens 2 Stunden garen. Das Bauernbrot leicht anrösten und mit Knoblauchzehen einreiben. Mit Olivenöl beträufeln und zu der Suppe reichen.

# Kalbshaxe auf Florentiner Art

| 4 Scheiben Kalbshaxe (je 250 g) · 50 g Butter |
|---|
| Olivenöl · 2 Eidotter · 1 Zwiebel |
| 3 reife Tomaten · Parmesankäse, gerieben |
| Zimtpulver · Salz · Pfeffer |

Die Haxen abschaben, waschen, ca. 70 Minuten in Salzwasser kochen, vom Knochen lösen, in eine Pfanne geben und mit Butter, 2 EL Öl, der fein gehackten Zwiebel, Salz und Pfeffer anbraten. Die Tomaten und ein Glas der Kochbrühe hinzufügen und bei schwacher Hitze zugedeckt garen, bis die Sauce eingedickt ist. Zum Schluß mit 2 gehäuften EL Parmesan und den verquirlten Eidottern anreichern und ein wenig Zimt darüberstreuen. Sofort von der Kochstelle nehmen, umrühren, mit Parmesan bestreuen und ganz heiß servieren.

# Bratäpfel mit Preiselbeeren

| 4 große Äpfel · 200 g Preiselbeerkonfitüre |
|---|
| ¼ l süße Sahne · Butter · Zimt · Honig |

Die Äpfel waschen, das Kerngehäuse entfernen und die Öffnung mit einem scharfen Messer etwas vergrößern, ohne die Früchte zu zerbrechen. Die Äpfel auf ein Backblech setzen und mit Preiselbeeren, je einem Teelöffel Honig und einer guten Messerspitze Butter füllen. Mit Zimt bestreuen. Ca. 20 Minuten im Ofen braten. Vor dem Servieren mit süßer Sahne übergießen.

# Dezember

## Weite, Sehnsucht, Stille

*Schnee lastet dick auf Dach und Baum.*
*Die Sonne starb.*

*Vor meinem Fenster hängt der wilde Wein*
*Wie trauriges Haar.*
*Gefrorne Tränen glänzen drin —*
*Weißt du es noch, als grün der Juni*
*Durch seine Netze dämmerte?*

*Im braunen Zimmer steht der Sonnwendbaum*
*Kerzenbesteckt, mit Äpfeln behangen —*
*Im Herde singt*
*Die Flamme tröstlich vom jungen Jahr —*
*Geduld.*

(Ina Seidel, *Jahrabwärts*)

# Gerichte im Dezember

## *Pikante Salbeihappen*

---

*16 große Salbeiblätter*

*8 in Öl eingelegte Sardellenfilets*

*1 Ei · Salz · Öl zum Backen*

---

Die Salbeiblätter vorsichtig waschen, auf ein Küchentuch legen und abtupfen. Die Blätter durch schwach gesalzenes, verquirltes Ei ziehen, jeweils zwischen 2 Blätter ein Sardellenfilet legen und diese kleinen Sandwiches sofort in heißem Öl kurz ausbacken. Ganz heiß — eventuell auf einigen gewaschenen Salatblättern und mit Eivierteln garniert — servieren.

## *Kartoffelgratin*

---

*800 g Kartoffeln · 4 dl Milch · 2 dl Crème fraîche*

*2 kleine Knoblauchzehen · 40 g Butter*

*Salz · Pfeffer · Cayennepfeffer · Muskat*

---

Die gewaschenen Kartoffeln schälen und in dünne Scheiben schneiden. Die Knoblauchzehe fein hacken und mit den Kartoffelscheiben vermischen. Zusammen mit so viel Milch in einen Topf geben, daß die Kartoffeln gerade noch bedeckt sind. Mit

Salz, Pfeffer, Cayennepfeffer und etwas Muskatnuß würzen, erhitzen und 4—5 Minuten köcheln lassen. Jetzt die Hälfte der Crème fraîche dazugeben und aufkochen. Vom Feuer nehmen und abschmecken. Eine Gratinform gut ausbuttern, die Kartoffeln aus dem Topf ungefähr 2 cm hoch einfüllen und die ganze Flüssigkeit darüberschütten, so daß alles gerade bedeckt ist. Den Rest der Crème fraîche zufügen und noch mal gut mischen. Mit einigen Butterflocken bestecken und das Ganze bei 160 °C ca. 1 ½ Stunden im Ofen backen.

## Kastanien-Sahne-Dessert

| |
|---|
| *500 g Eßkastanien oder 250 g Kastanienpüree (ungesüßt)* |
| *1 l Wasser* |
| *2 Msp Vanille (aus der Schote gekratzt)* |
| *2 EL Honig* |
| *Schale und Saft einer unbehandelten Orange* |
| *¼ l Sahne · 10 g Bitterschokolade* |
| *20 Pistazien* |

Eßkastanien einschneiden und 45 Minuten kochen. Noch heiß schälen oder mit einem TL ausschaben. Kastanienfleisch durch den Gemüsewolf drehen und durch ein Sieb passieren oder mit dem Handmixer pürieren. Vanille, Honig, abgeriebene Orangenschale und Saft dazurühren, Sahne steif schlagen und unterziehen. Kastaniensahne mit einem Spritzbeutel in Dessertschalen spritzen. Mit geriebener Schokolade bestreuen und mit Pistazien verzieren.

# Tabelle der Lebensmittel

| Produkt | Qi | Yin/ Yang | Element | Chakra | Aphro. | Zeit (Monate) |
|---|---|---|---|---|---|---|
| Aal | | Yang | Wasser | 1 | | |
| Ahornsirup | | Yin | Erde | 4 | | |
| Alfalfasprossen | | Yang | Holz | | | |
| Alge | | Yin | Wasser | 1 | | |
| Ananas | Qi | Yin | Holz, Erde | 3 | | |
| Apfel (sauer) | | Yin | Holz | 3 | | 8—4 |
| Apfel (süß) | Qi | Yin | Erde | 3 | | 8—4 |
| Aprikose | | Yang | Erde | 3 | Aphro. | 5—8 |
| Artischocken | | Yin | Feuer | 4 | Aphro. | 2—5 |
| Aubergine | Qi | Yin | Erde | 5 | | |
| Austern | Qi | Yin | Wasser | 1 | Aphro. | 10—4 |
| Austernpilze | | Yin | Wasser | | | |
| Avocado | | Yin | Erde | 4 | | |
| Banane | Qi | Yin | Erde | | Aphro. | |
| Barsch | | Yang | Wasser | | | |
| Basilikum | Qi | Yang | Metall | 4 | Aphro. | |
| Bataviasalat | | Yin | Wasser | | | 9—12 |
| Beifuß | | Yang | Feuer | | | |
| Birne | Qi | Yin | Erde, Holz | | Aphro. | 9—3 |
| Blumenkohl | | Yin | Erde | 3 | | 9—11 |
| Brandy | | Yang | Metall | | | |
| Brauner Zucker | Qi | Yang | Erde | | | |
| Broccoli | | Yin | Erde | 4 | | 9—11 |
| Brombeere | | Yin | Holz | 2 | | 7—9 |
| Buchweizen | Qi | Yang | Feuer, Erde | | | |
| Buschbohnen | | Neutral | Erde | | | 6—8 |
| Butter | Qi | Yang | Erde | | | |
| Champagner | | Yang | Holz | 5 | Aphro. | |
| Champignon | | Yin | Erde | 5 | | |
| Chicorée | | Yin | Feuer | | | 11—4 |

| Produkt | Qi | Yin/ Yang | Element | Chakra | Aphro. | Zeit (Monate) |
|---|---|---|---|---|---|---|
| Chili | | Yang | Metall | | Aphro. | |
| Cognac | | Yang | Feuer | | Aphro. | |
| Couscous | Qi | Neutral | Erde | | | |
| Curry | | Yang | Metall | | Aphro. | |
| Dattel | | Neutral | Erde | | Aphro. | |
| Dinkel | Qi | Yin | Holz | | | |
| Distelöl | | Yin | Erde | | | |
| Ei | Qi | Neutral | Erde | 3 | Aphro. | |
| Eisbergsalat | | Yin | Feuer | | | 11—3 |
| Endivien | | Yin | Feuer | | Aphro. | 11—3 |
| Ente | Qi | Yin | Holz, Erde | 3 | | |
| Enziantee | | Yin | Feuer | | | |
| Erbse | Qi | Neutral | Wasser, Erde | 4 | | |
| Erdbeere | | Yang | Holz, Erde | 2 | Aphro. | 3—7 |
| Erdnuß | Qi | Neutral | Erde | 3 | | |
| Essig | | Yang | Holz, Feuer | | | |
| Essiggurke | | Yin | Holz | | | |
| Estragon | | Yin | Erde | | | |
| Fasan | | Yang | Holz, Metall | 1 | Aphro. | |
| Feige | Qi | Neutral | Erde | 2 | Aphro. | 7—12 |
| Feldsalat | | Neutral | Feuer | 4 | | 11—4 |
| Fenchel | Qi | Yang | Erde | | | |
| Fencheltee | | Yang | Erde | | | |
| Fernet Branca | | Yang | Feuer | | | |
| Forelle | | Yang | Wasser, Holz | 1 | Aphro. | |
| Frischkäse | | Yin | Holz | | | |
| Gans | Qi | Neutral | Metall, Erde | 3 | | |
| Gemüsesaft | | Yin | Erde | | | |
| Gerste | Qi | Yin | Erde, Wasser | | Aphro. | |
| Grapefruit | | Yin | Feuer | | | |
| Grüner Tee | | Yin | Feuer | 4 | | |
| Grünkern | Qi | Yang | Holz | | | |

| Produkt | Qi | Yin/Yang | Element | Chakra | Aphro. | Zeit (Monate) |
|---|---|---|---|---|---|---|
| Gurke | Qi | Yin | Erde | | | 6—8 |
| Hafer | | Yin | Erde, Metall | | | |
| Hagebuttentee | | Yin | Holz | | | |
| Hammel | Qi | Yang | Feuer, Erde | 1 | Aphro. | |
| Hase | | Yin | Metall | | | |
| Haselnuß | | Neutral | Erde | | | |
| Hefe | | Yin | Holz | | | |
| Heidelbeere | | Yin | Holz, Erde | 2 | Aphro. | 8—2 |
| Hisbiskustee | | Yin | Holz | | | |
| Himbeere | Qi | Neutral | Holz, Erde | | Aphro. | 6—8 |
| Hirsch | | Yang | Metall | 1 | | |
| Hirse | Qi | Neutral | Erde, Wasser | 3 | | |
| Holunder | | Yin | Feuer | | | 7—9 |
| Honig | | Neutral | Erde | | Aphro. | |
| Honigmelone | | Yin | Erde | 5 | Aphro. | |
| Honigwein | | Yang | Erde | | Aphro. | |
| Huhn | Qi | Yang | Holz, Erde | | Aphro. | |
| Hummer | | Yang | Wasser | 2 | Aphro. | |
| Ingwer | | Yang | Metall | | Aphro. | |
| Joghurt | | Yin | Holz | | | |
| Johannisbeere | | Yin | Holz | 2 | | 6—8 |
| Kaffee | | Yang | Feuer | 4 | | |
| Kakao | | Yang | Feuer | 2 | Aphro. | |
| Kalb | | Neutral | Erde | | | |
| Kapern (eingelegt) | | Yin | Feuer | | | |
| Kardamom | | Yang | Metall | | Aphro. | |
| Karotte | | Neutral | Erde | 3 | Aphro. | |
| Karpfen | | Neutral | Wasser | 3 | | |
| Kartoffel | Qi | Neutral | Erde | | | |
| Käse | Qi | Neutral | Erde, Holz | | | |
| Kastanie | Qi | Yang | Erde | 5 | | 10—12 |
| Kaviar | | Yin | Wasser | | Aphro. | |

| Produkt | Qi | Yin/Yang | Element | Chakra | Aphro. | Zeit (Monate) |
|---|---|---|---|---|---|---|
| Kefir | | Yin | Holz | | | |
| Kirsche | Qi | Yang | Erde | | Aphro. | 5—8 |
| Kiwi | | Yin | Holz | 4 | | |
| Knoblauch | | Yang | Metall | | | |
| Kohl | Qi | Yin | Erde | | | 10—3 |
| Kohlrabi | Qi | Yang | Feuer, Metall | | | 7—10 |
| Kokos | Qi | Neutral | Erde | 4 | | |
| Kokosmilch | Qi | Yang | Erde | | | |
| Kombu | | Yin | Wasser | 1 | | |
| Kopfsalat | | Yin | Feuer, Erde | | | |
| Koriander | | Yang | Metall | 1 | Aphro. | |
| Kresse | | Neutral | Metall, Erde | | | |
| Kümmel | | Yang | Erde | | | |
| Kürbis | Qi | Neutral | Erde, Feuer | | Aphro. | 9—12 |
| Lachs | | Yang | Wasser | | Aphro. | |
| Lamm | Qi | Yang | Holz, Feuer | 2 | | |
| Languste | | Yang | Wasser | 2 | Aphro. | |
| Lauch | Qi | Yang | Metall, Holz | | | |
| Likör | | Yang | Erde | | Aphro. | |
| Linsen | | Neutral | Wasser | | | |
| Löwenzahnsalat | | Yang | Holz | | | |
| Löwenzahn-wurzeltee | | Yin | Feuer | | | |
| Mais | Qi | Neutral | Erde | 3 | | |
| Malventee | | Yin | Holz | | | |
| Malz | Qi | Yang | Erde | | | |
| Malzbier | | Neutral | Erde | | | |
| Mandeln | Qi | Neutral | Feuer, Erde | 7 | Aphro. | |
| Mango | Qi | Yin | Holz, Erde | 3 | | |
| Mangold | Qi | Yin | Erde | | | 7—10 |
| Marzipan | | Neutral | Erde | | | |
| Meerrettich | | Yang | Metall | | | |

| Produkt | Qi | Yin/Yang | Element | Chakra | Aphro. | Zeit (Monate) |
|---|---|---|---|---|---|---|
| Miesmuscheln | Qi | Yang | Wasser | | Aphro. | 9—3 |
| Milch | Qi | Neutral | Erde | | | |
| Mineralwasser | | Yin | Wasser | | | |
| Miso | | Yin | Wasser | 1 | | |
| Mohn | | Yang | Feuer | 2 | Aphro. | |
| Morchel | | Yin | Erde | | | |
| Mungobohnen-sprossen | Qi | Yin | Holz, Erde | | | |
| Muskat | | Yang | Metall | 4 | Aphro. | |
| Nelke | | Yang | Metall | | Aphro. | |
| Nierenbohnen | Qi | Neutral | Erde, Wasser | | | |
| Nori | Qi | Yin | Wasser | | | |
| Oliven | Qi | Neutral | Feuer, Holz | | | |
| Olivenöl | | Yin | Erde | 6 | | |
| Orange | | Yin | Holz | | Aphro. | 11—3 |
| Oregano | | Yang | Feuer | | Aphro. | |
| Paprika (süß) | | Yang | Erde | | Aphro. | |
| Parmesan | | Neutral | Erde | | | |
| Petersilie | | Yang | Holz, Wasser | | | |
| Pfeffer | | Yang | Metall | | Aphro. | |
| Pfefferminztee | Qi | Neutral | Metall | | Aphro. | |
| Pfirsich | | Yang | Erde | | Aphro. | 6—7 |
| Pflaume | Qi | Neutral | Erde, Holz | 6 | | 6—8 |
| Pils | | Yin | Feuer | | | |
| Pinienkerne | | Neutral | Erde | | | |
| Pistazien | | Neutral | Erde | | | |
| Preiselbeere | | Yin | Holz | 1 | | 8—10 |
| Prosecco | | Yin | Holz | 6 | Aphro. | |
| Quark | | Yin | Holz, Erde | | | |
| Quitte | | Yin | Feuer | | | 9—10 |
| Radicchio | | Yin | Feuer | | | 8—10 |
| Radieschen | | Yin | Metall | | | 4—7 |

| Produkt | Qi | Yin/Yang | Element | Chakra | Aphro. | Zeit (Monate) |
|---------|-----|----------|---------|--------|--------|---------------|
| Reh | | Neutral | Metall | | | |
| Reis | | Yin | Metall | | | |
| Reiswein | | Yang | Metall | | Aphro. | |
| Rettich | | Neutral | Metall, Erde | | | 6—10 |
| Rhabarber | | Yin | Holz | 3 | | 5—7 |
| Rind | Qi | Yin | Erde | 1 | | |
| Roggen | | Yin | Feuer | | | |
| Rosenkohl | | Neutral | Feuer | | | 10—2 |
| Rosenpaprika | | Yang | Feuer | | Aphro. | |
| Rosmarin | | Yang | Feuer, Metall | | Aphro. | |
| Rotbarsch | Qi | Yin | Wasser | | | |
| Rote Bete | Qi | Yin | Feuer, Erde | 1 | | 10—3 |
| Rotwein | | Yang | Feuer | 2 | Aphro. | |
| Safran | Qi | Neutral | Erde, Holz | | Aphro. | |
| Sahne | | Neutral | Erde | | Aphro. | |
| Salbei | | Yin | Feuer | | | |
| Salz | | Yin | Wasser | | | |
| Sardinen/Sardellen | | Yin | Wasser | | | |
| Saubohnen | | Neutral | Erde | | | |
| Sauerampfer | | Yin | Holz | 3 | | 3—4 |
| Sauerkirsche | | Yin | Holz | | | 6—7 |
| Sauerkraut | | Yin | Holz | | | |
| Sauermilch | | Yin | Holz | | | |
| Sauerteig | | Yin | Holz | | | |
| Saure Sahne | | Yin | Holz | | | |
| Schaf | | Yang | Feuer | | | |
| Schafskäse | | Yang | Feuer | | | |
| Schalotte | | Yang | Feuer, Metall | | | |
| Schimmelkäse | | Yang | Metall | | | |
| Schnittlauch | | Yang | Metall | | | |
| Scholle | | Yang | Wasser | | | |

| Produkt | Qi | Yin/Yang | Element | Chakra | Aphro. | Zeit (Monate) |
|---|---|---|---|---|---|---|
| Schwarzer Sesam | Qi | Yang | Holz, Erde | | | |
| Schwedenkraut | | Yang | Feuer | | | |
| Sellerie | Qi | Yin | Erde, Metall | | | |
| Senf | | Yang | Metall | | | |
| Sesam | | Yin | Wasser | | | |
| Sesamöl | | Yin | Erde | | | |
| Shrimps | | Yang | Wasser, Erde | 2 | Aphro. | |
| Sojabohne | | Yin | Wasser | | | |
| Sojamilch | | Yin | Erde | | | |
| Sojaöl | | Yang | Erde, Metall | | | |
| Sojasauce | | Yin | Wasser | | | |
| Sonnenblumen-kerne | | Yin | Erde | | | |
| Sonnenblumenöl | | Yin | Erde | | | |
| Spargel | Qi | Yin | Erde, Feuer | | Aphro. | 3—6 |
| Spinat | Qi | Yin | Erde | | | 3—7 |
| Sprossen | | Yin | Holz | | | |
| Stachelbeere | | Yin | Holz | 3 | | 6—8 |
| Süßholztee | | Neutral | Erde | | | |
| Süßkirsche | | Yang | Erde | | | 7—8 |
| Süßreis | | Yang | Erde | | | |
| Tabasco | | Yang | Metall | | Aphro. | |
| Thunfisch | Qi | Yang | Wasser, Erde | | | |
| Thymian | | Yang | Feuer | | | |
| Tintenfisch | Qi | Yin | Wasser, Erde | | | |
| Tofu | Qi | Yin | Erde | | | |
| Tomate | Qi | Yin | Holz, Erde | 1 | | |
| Traube | Qi | Neutral | Erde, Holz | | Aphro. | 8—11 |
| Traubensaft | | Neutral | Erde | | | |
| Truthahn | | Neutral | Metall | | | |
| Vanille | | Yang | Erde | | Aphro. | |
| Wacholder | | Yang | Feuer | | | |

| Produkt | Qi | Yin/ Yang | Element | Chakra | Aphro. | Zeit (Monate) |
|---|---|---|---|---|---|---|
| Wachtel | | Yang | Metall | | | |
| Walderdbeeren | | Yang | Holz, Erde | | Aphro. | 5—8 |
| Walnuß | Qi | Yang | Erde | 6 | | 10—3 |
| Wassermelone | Qi | Yin | Wasser, Erde | | | |
| Weißwein | | Yin | Holz | | Aphro. | |
| Weizen | Qi | Yin | Holz, Erde | | | |
| Weizenbier | | Yin | Holz | | | |
| Weizenkeimöl | | Yin | Erde | | | |
| Wermut | | Yin | Feuer | | | |
| Whisky | | Yang | Metall | | | |
| Wildschwein | | Yang | Metall | | | |
| Wirsing | Qi | Yin | Erde | | | |
| Yogitee | | Yang | Metall | | Aphro. | |
| Ziege | | Yang | Feuer | | | |
| Ziegenkäse | | Yang | Feuer | | | |
| Zimt | | Yang | Erde | 2 | Aphro. | |
| Zitrone | | Yin | Holz | 3 | | |
| Zitronenkraut (-melisse) | | Yin | Holz | | | |
| Zucchini | | Yang | Erde | | | |
| Zwiebel | | Yang | Metall | | | |

**Bedeutungen**

*Qi:* Nahrungsmittel ist reich an Lebensenergie Qi
*Yin/Yang:* Nahrungsmittel hat besondere Yin- bzw. Yangkräfte oder ist neutral
*Element:* Nahrungsmittel ist besonders reich an Holz-, Feuer-, Erde-, Metall- bzw. Wasserkraft
*Chakra:* Nahrungsmittel nährt ein besonderes Chakra
*Aphro.:* Nahrungsmittel wirkt aphrodisierend
*Zeit:* Nahrungsmittel ist entweder ganzjährig (kein Eintrag) oder während bestimmter Monate besonders nahrhaft und gesund

# Literatur

Bhagwan S., R.: *Mein Weg, der Weg der weißen Wolke,* Berlin 1979

Bauer, E.: *Der Tierkreis-Führer,* Heyne, München 1990

Cunningham, S.: *Magie in der Küche,* Neuwied 1993

Chang, Dr. med. S., T.: *Das Tao der Ernährung,* Ariston, Genf 1993

Diamond, M.: *Fit fürs Leben,* Goldmann, München 1992

Flaws, Dr. med. B., Wolfe, H. L.: *Das Yin und Yang der Ernährung,* Scherz, Bern 1992

Köster, H., Bauer, E.: *Astro-Diät,* München 1993

Lawrence D.: *Das Lächeln des Tao,* München 1985

Leconte, M.: *Die Yin-Yang Diät,* Hamburg 1989

Lukoschik, A., Bauer, E.: *Die richtige Körpertherapie,* München 1993

Mookerjee, A., Khanna, M.: *Die Geschichte des Tantra in Bild und Deutung,* Heyne, München 1978

Morningstar, A., Desai, U.: *Die Ayurveda-Küche,* Heyne, München 1990

Rätsch, C.: *Naturverehrung und Heilkunst,* Südergellersen 1993

Reid, D., P.: *Chinesische Naturheilkunde,* Wien 1988

Thirleby, A.: *Das Tantra der Liebe,* Scherz, Bern 1993

Watts, A.: *Der Lauf des Wassers,* Suhrkamp, Frankfurt 1983

Walter, J.: *Chakra Erfahrung,* Heyne, München 1993

Weber, S., Abdel-Qadir, G.: *Der Zauber der arabischen Küche,* Heyne, München 1988

# Quellennachweis

Hafis, *Wie kommt es ...,* aus: Liebesgedichte. Übersetzt von Cyrus Atabay. Copyright © Insel Verlag, Frankfurt am Main 1980.

Louize Labé, *Das achtzehnte Sonett,* aus: Die vierundzwanzig Sonette der Louize Labé. Übersetzt von Rainer Maria Rilke. Copyright © Insel Verlag, Frankfurt am Main 1963.

Rainer Maria Rilke, *Vorfrühling,* aus: Sämtliche Werke. Copyright © Insel Verlag, Frankfurt am Main 1955.

Rumi, *Ich lege meinen Kopf ...,* aus: Lyrik des Ostens. Herausgegeben von Wilhelm Gundert, Annemarie Schimmel und Walther Schubring. Copyright © Carl Hanser Verlag, München, Wien 1965.

Ina Seidel, *Jahrabwärts,* aus: Gedichte. Copyright © Deutsche Verlags-Anstalt GmbH, Stuttgart.

Vidyapati Thakur, *Spiegel in Händen ...,* aus: Lyrik des Ostens. Herausgegeben von Wilhelm Gundert, Annemarie Schimmel und Walther Schubring. Copyright © Carl Hanser Verlag, München, Wien 1965.

# Alphabetisches Register

# Gesund und schlank mit Heyne-Diätkochbüchern

Wilhelm Heyne Verlag
München

# Gesunde Küche leichtgemacht

07/4295

Außerdem erschienen:

Rose-Marie Nöcker
**Sprossen und Keime**
07/4325

Rose-Marie Nöcker
**Gesundheit aus dem Zimmergarten**
07/4404

Monika Kellermann
**Milch, Quark, Joghurt & Co.**
07/4625

Rose-Marie Nöcker
**Das große Buch der Sprossen und Keime**
07/4632

Amadea Morningstar/
Urmila Desai
**Die Ayurveda-Küche**
07/4633

Rose-Marie Nöcker
**Lichtkost**
07/4640

Wilhelm Heyne Verlag
München

# Heilgeheimnisse der Natur

David
Hoffmann
**Das Findhorn-Kräuter-Heilbuch**

Heilpflanzen
und geistige
Heilung –
das Handbuch
zum kundigen
Umgang
mit den
Geschenken
der Natur

ESOTERISCHES
WISSEN

08/9606

Außerdem erschienen:

Lanetta Gregory /
Geoffrey Treissman
**Aura-Handbuch**
*Die menschliche Aura erkennen,
verstehen und zur Heilung nutzen*
08/9554

Greg Nielsen
**Pendel und Energiekörper**
*Neue Methoden zur Befragung des
Pendels und ihre Anwendung im
täglichen Leben*
08/9598

Johannes Walter
**Chakra-Erfahrung**
*durch Symbole, Visualisierung,
Meditation, Naturerleben, Körper-
wahrnehmung, Atmen und Mudras*
08/9628

Wilhelm Heyne Verlag
München